GUANGDONGSHENG GAODENG ZHIYE
JIAOYU ZHILIANG NIANDU BAOGAO(2020)

广东省高等职业教育质量年度报告（2020）

广东省教育厅 编

广东高等教育出版社
Guangdong Higher Education Press
·广州·

图书在版编目（CIP）数据

广东省高等职业教育质量年度报告．2020 /广东省教育厅编．—广州：广东高等教育出版社，2020.6
ISBN 978－7－5361－6777－3

Ⅰ．①广… Ⅱ．①广… Ⅲ．①高等职业教育－教育质量－研究报告－广东－2020 Ⅳ．①G718.5

中国版本图书馆CIP数据核字（2020）第103641号

出版发行	广东高等教育出版社
	地址：广州市天河区林和西横路
	邮政编码：510500 电话：（020）87551597 87551163
	http：// www. gdgjs. com. cn
印　刷	佛山市浩文彩色印刷有限公司
开　本	787毫米×1 092毫米 1/16
印　张	5.75
字　数	124千
版　次	2020年6月第1版
印　次	2020年6月第1次印刷
定　价	30.00元

编委会

目 录

1 特色亮点

2 发展概况

5　产教融合

6　政府责任

7 国际合作

8 服务贡献

9 应对挑战

附 表

后 记

图表目录

案例目录

1 特色亮点

2019 年，广东高职教育战线深入学习贯彻习近平总书记视察广东重要讲话精神和关于职业教育的重要指示精神，牢固树立“大职教”发展理念，全面落实省委省政府“1+1+9”工作部署，坚持党建统领、立德树人，培养大国工匠，为广东在新时代实现“四个走在全国前列”、当好“两个重要窗口”提供了有力的人才和智力支撑。

1.1 职教改革成效明显，获国务院督查激励通报

2019 年 5 月 7 日，国务院办公厅印发《关于对 2018 年落实有关重大政策措施真抓实干成效明显地方予以督查激励的通报》（国办发〔2019〕20 号），我省 19 项获督查激励，数量居全国首位，创历年最好成绩。“校企合作推进力度大、职业教育发展环境好、推进职业教育改革成效明显”是其中一项，也是 2018 年职业教育改革成效明显国务院予以激励支持的 6 个省之一。

孙春兰副总理赞许深圳职业技术学院“课证共生共长”培养模式“一点都不输德国”，指出“深职院就是中国职业教育的‘清华’”。2019 年 11 月 26—27 日，在深圳举行推进全国职业教育高质量发展现场会。

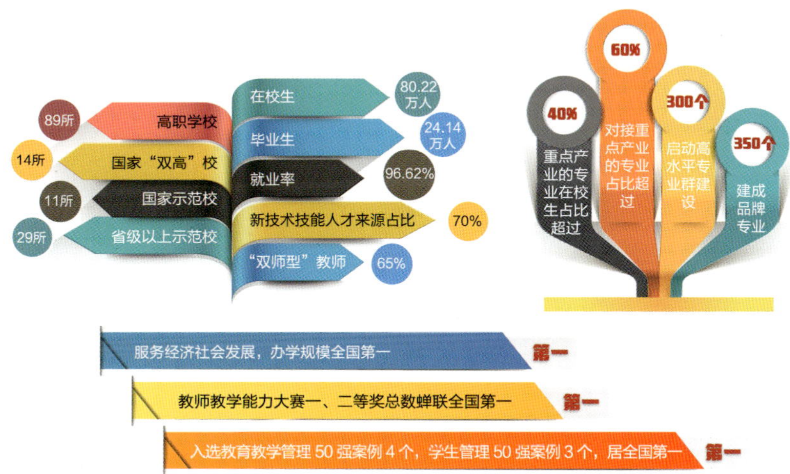

1.2 高职扩招 12 万人以上，超额完成扩招任务

广东制定了《高职扩招专项工作实施方案》，把扩招融入省委省政府的各项决策工作当中，将高职扩招任务完成情况作为对地市履行教育职责督导评价、高等职业教育“创新强校工程”考核的重要内容，压实各地、各校工作责任。

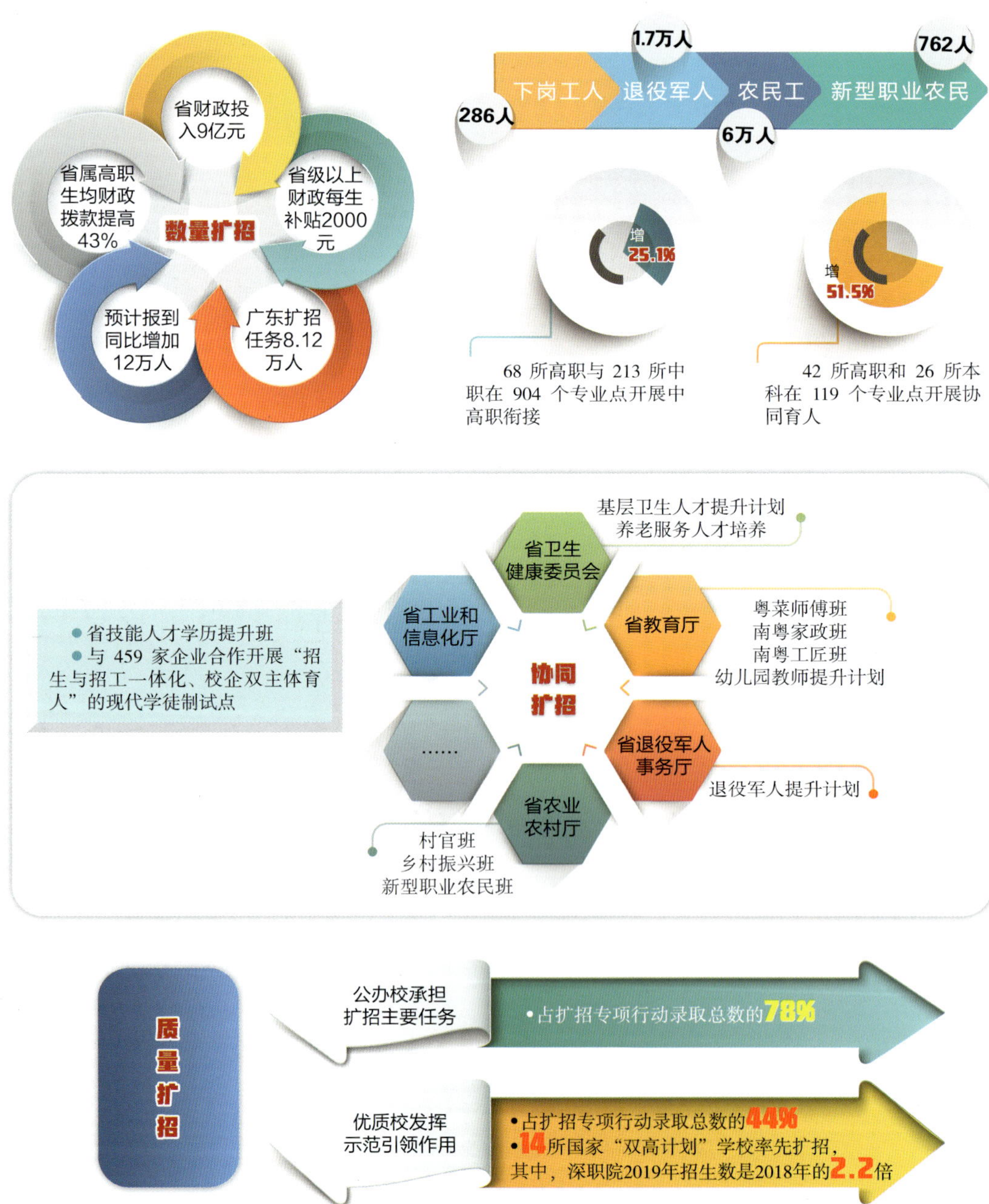

1.3 广东职教城首期竣工，5 所高职进驻 2 万人

广东职业教育城首期工程 58.7 万平方米校舍已投入使用，进驻 5 所高职院校，招生 2 万人；二期工程可行性研究报告已编制完毕，总建筑面积 112 万平方米，总投资约 54 亿元；三期工程已经拟订方案，正进一步完善。李希书记、马兴瑞省长、覃伟中副省长先后调研广东职教城建设情况，并召开现场办公会议，研究部署有关工作。

1.4 14 所院校入双高计划，2 所院校升职教本科

广东 14 所高职院校入选国家“双高计划”，入选高水平学校、高水平专业群建设单位分别为 5 所、9 所，高水平学校入选数全国第三，A、B 档高水平学校入选数并列全国第一。

中国特色高水平高职学校和专业建设计划建设单位分布

广东工商职业技术大学
广州科技职业技术大学

获教育部首批
本科层次职业教育试点学校

1.5 中高本 4 万学生试点，推进 1+X 证书制度

1+X 证书制度是我国职业教育办学模式向特色鲜明的类型教育转变的重大制度创新。广东大力推进 1+X 证书制度试点，试点规模总数为 4 万人，占全国的 8%，居全国前三。

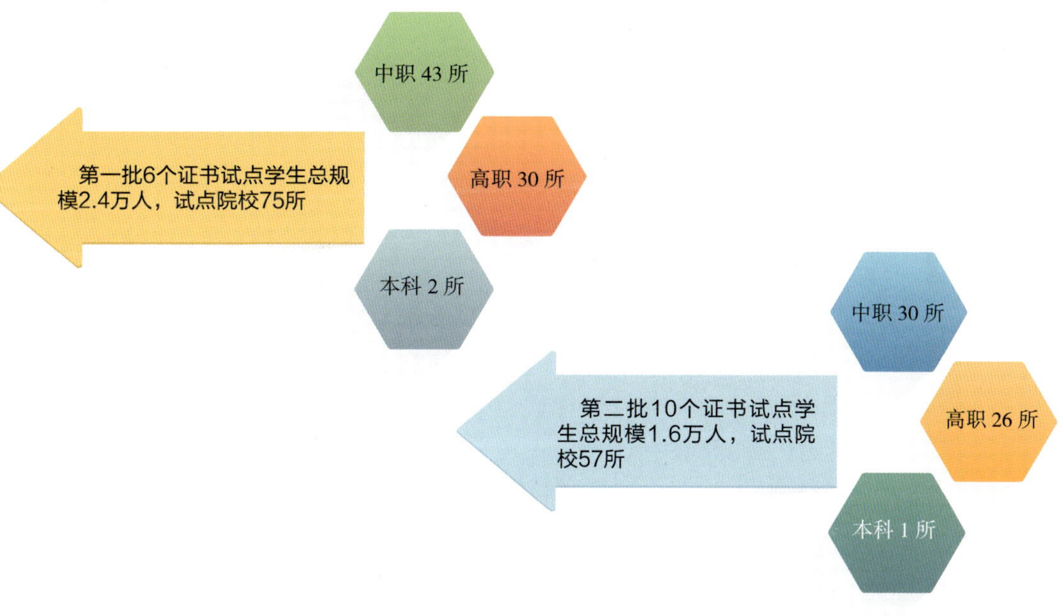

1.6 服务乡村振兴强技能，育粤菜师傅年超 3 万

“粤菜师傅”工程是广东促进城乡劳动者技能就业、技能致富，全面提升就业创业水平，助推乡村振兴发展的重要抓手。职业教育充分发挥优势，高位推进“粤菜师傅”工程，既抓粤菜师傅的学历教育，又抓粤菜师傅的职业培训，年培养粤菜师傅 2 万人，年培训粤菜师傅 1.2 万人。

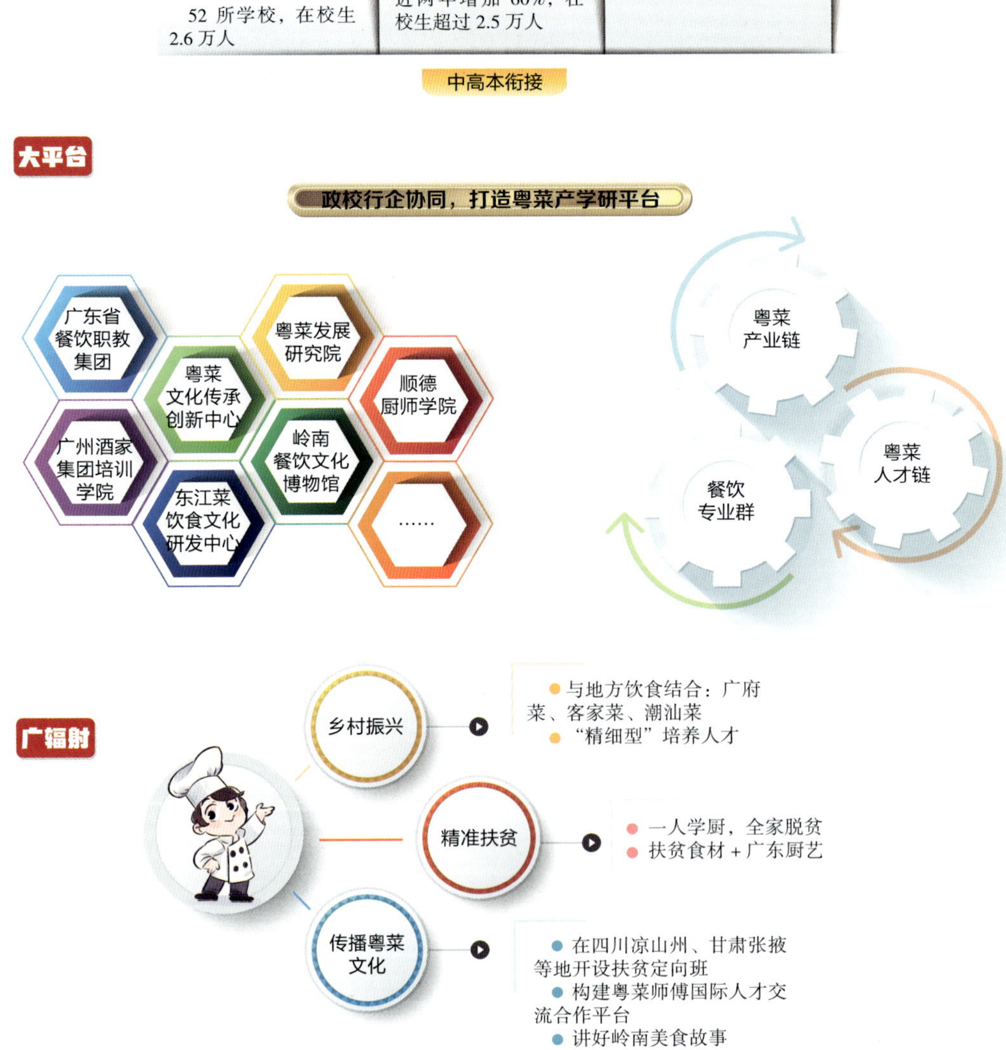

2 发展概况

2.1 党建引领

广东高职战线以习近平新时代中国特色社会主义思想为指导，落实新时代高校党建工作总要求，抓好“不忘初心、牢记使命”主题教育活动，深入实施基层党建三年行动计划，党建工作成效显著。

2.1.1 不忘初心，加强党建

按照新时代党的建设总要求，扎实推进党建工作，为办好人民满意的教育提供坚强的组织保证。2019 年，1 所高职院校的党总支被教育部遴选为全国党建工作标杆院系，14 所高职院校的 15 个党支部被教育部遴选为全国党建工作样板支部（见表 1）。

表 1 2019 年广东省高职院校获全国党建工作标杆院系及样板支部名单

序号	单 位	名称
1	广东轻工职业技术学院轻化工技术学院党总支	标杆院系
2	广东工贸职业技术学院机电工程学院教师第一党支部	样板支部
3	广东建设职业技术学院机电工程系教工党支部	样板支部
4	广东轻工职业技术学院轻化工技术学院教师第二党支部	样板支部
5	广东舞蹈戏剧职业学院艺术设计制作系党支部	样板支部
6	广东职业技术学院服装系教工第二党支部	样板支部
7	广东水利电力职业技术学院市政工程系学生党支部	样板支部
8	广东机电职业技术学院先进制造技术学院教工党支部	样板支部
9	深圳信息职业技术学院金融管理教工党支部	样板支部
10	深圳职业技术学院商务外语学院商务英语专业教师党支部	样板支部

续上表

序号	单　位	名称
11	珠海城市职业技术学院经济管理学院教师第二党支部	样板支部
12	珠海城市职业技术学院旅游管理学院学生党支部	样板支部
13	顺德职业技术学院马克思主义学院直属党支部	样板支部
14	河源职业技术学院继续教育学院第一党支部	样板支部
15	罗定职业技术学院机电工程系教工党支部	样板支部
16	广州城建职业学院建筑工程学院教师党支部	样板支部

2.1.2　牢记使命，立德树人

以党建为引领，以质量攻坚为动力，以提升组织力为重点，以推动事业发展为落脚点，严格对标看齐，勇于改革创新，努力争创先进，积极推进“三全育人”，确保高等职业教育高质量发展。

案例 1

党建领航为创新发展注入“源头活水”

深圳信息职业技术学院紧紧围绕立德树人这一根本任务，以“春风化雨、行胜于言”为育人理念，以培养“技能精湛，三商并举，德智体美劳全面发展”的学生为育人目标，提出“高站位、小切口、全体系、重实效”的 12 字育人工作方略，建立了“党建 + 学业 + 第二课堂”的育人工作体系，为落实立德树人，构建“三全育人”工作体系提供了参考方案。

2.2 扩容

以“扩容”为重点，积极贯彻落实国家高职百万扩招政策，提高高等教育毛入学率，着力增加优质高等职业教育资源供给，改善办学条件，推动公办民办院校协调发展，提高高等职业教育办学水平。

2.2.1 条件不断改善

经费收入显著增加（见图 1）。2018 年，全省高职院校经费总收入 366.89 亿元[①]，较 2017 年增加了 91.83%，其中政府投入和学费收入是重要来源，政府投入占 76.68%，达 281.34 亿元，比 2017 年增加了 158.61%。

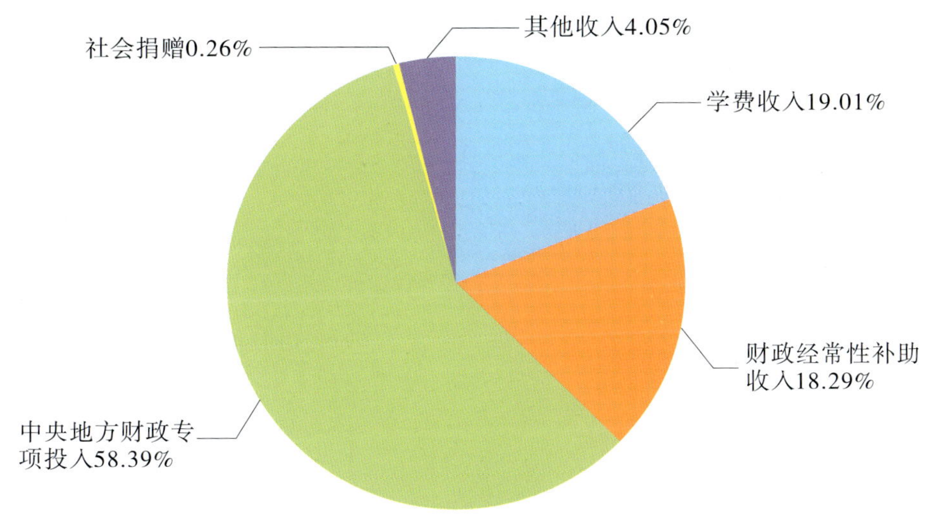

图 1 2018 年广东省高职院校经费收入结构

教师整体水平逐年提高（见表 2）。教师队伍规模不断扩大，高学历教师比例逐年提升，专任教师中"双师型"教师比例稳步提高，2019 年达到 65.01%。

表 2 2017—2019 年广东省高职院校教师基本情况表

指 标	2017 年		2018 年		2019 年	
	广东	全国	广东	全国	广东	全国
教师总人数（中位数）/ 人	552.50	423.50	558.50	429.00	564.50	443.00
生师比	15.72	15.29	15.58	15.42	15.95	15.22
硕士学位（中位数）/ 人	212.50	140.00	225.00	153.00	232.00	165.00
博士学位（中位数）/ 人	8.00	3.00	9.00	3.00	10.00	3.00
高级职务教师（中位数）/ 人	136.50	120.00	136.50	125.00	153.00	127.00
专任青年教师（45 岁以下）/ 人	290.00	193.50	303.50	207.00	303.00	218.00
"双师"素质教师（中位数）/ 人	232.00	159.50	233.00	166.00	239.50	167.00
"双师型"专任教师比例 /%	58.66	56.61	59.19	56.36	65.01	56.07

① 以下数据无特殊说明均来自学校六张表指标数据和高等职业院校人才培养工作状态数据采集与管理平台。

高职院校办学条件不断改善（见表 3）。校园建筑、实训工位数、网络教室等各项指标稳步增长，为人才培养质量和办学水平的提高提供了良好的物质保障。

表 3　2018—2019 年广东省高职院校基本办学条件情况表

主要指标	2018 年	2019 年	增幅
学校总建筑面积 / 万平方米	2 018.75	2 126.53	5.34%
教学行政用房面积 / 万平方米	109.07	110.69	1.49%
校内实训基地工位数 / 万个	50.86	53.59	5.37%
网络多媒体教室数 / 万间	1.11	1.19	7.21%
计算机总数 / 万台	33.78	35.80	5.98%

2.2.2　规模有效扩大

办学规模逐年递增（见图 2）。2019 年，广东高等教育专科在校生规模为 89.42 万人[①]，其中全日制高等职业学校（含高等专科学校）在校生规模为 80.22 万人，较 2018 年增加 4.31 万人，增幅 5.68%。

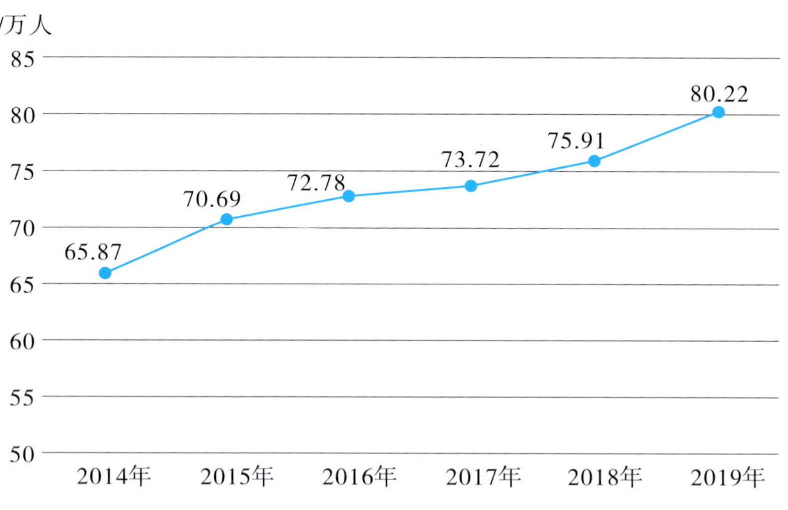

图 2　2014—2019 年广东省高职院校全日制在校生人数

超额完成 2019 年国家高职扩招任务。广东高职扩招任务为 8.12 万人，2019 年全省高职院校共录取新生 52 万人；除第二期高职扩招专项行动录取学生于 2020 年春季入学外，其余学生已于 2019 年秋季入学，预计报到数新增 12 万人以上，是国家下达扩招任务的 1.5 倍。

① 数据来源：广东省教育事业统计。

2.2.3 多元协调发展

民办院校与公办院校协调发展，形成多元办学格局。至 2019 年底，广东省共有独立设置高职院校 89 所①，其中包含 14 所国家“双高计划”建设单位、11 所国家示范（骨干）高职院校、29 所省级以上示范性高职院校。②从院校类型看，以综合性高职院校和理工类高职院校为主体，呈多元并存发展的格局，其中综合类高职院校占 49%，理工类高职院校占 24%（见图 3）；从所有制性质看，公办高职院校 63 所、民办高职院校 27 所，2019 年民办高职院校占总体规模的 30%。公办、民办高职院校办学规模比较见图 4。2019 年 6 月，教育部正式批准首批 15 所本科职业教育试点高校，广东工商职业技术大学和广州科技职业技术大学 2 所院校名列其中。

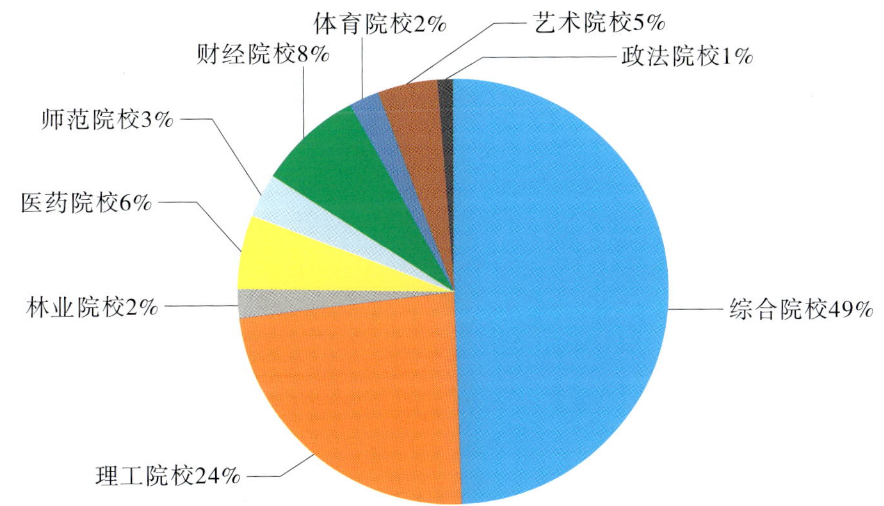

图 3　2019 年广东省高职院校类型结构

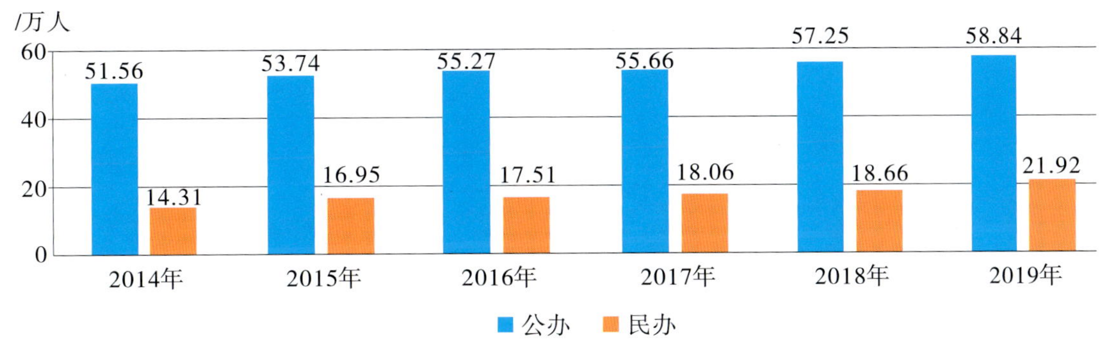

图 4　2014—2019 年广东省公办、民办高职院校办学规模比较

① 含 2018 年新设的广东财贸职业学院和广东江门幼儿师范高等专科学校，以及 2019 年升入职教本科的广东工商职业学院和广州科技职业技术学院，不含公安边防高等专科学校（2018 年并入中国人民警察大学）。

② 含 11 所国家示范（骨干）高职院校。

2.3 提质

以“提质”为核心，围绕先进制造业、战略性新兴产业、现代服务业等高端产业，推动全省高职院校发展，建设定位准确、特色鲜明、校企合作共生、培养质量高、综合实力强的国家级和省级高水平专业群，大力培养高素质产业生力军，打造南方职业教育发展新高地。

2.3.1 专业对接区域产业

全省高职院校主动适应区域经济社会发展需要，不断优化专业结构，加强高职教育人才供给侧改革，积极促进教育链、人才链、产业链和创新链的有机衔接。2019 年，全省高职院校共开设 411 个专业，覆盖 19 个专业大类。专业布点数 3 105 个，平均专业布点数 7.55 个。在校生规模最大的是财经商贸大类，占 23.77%；其次为电子信息大类，占 16.96%；最小规模专业类别是水利大类，占 0.16%（见图 5）。

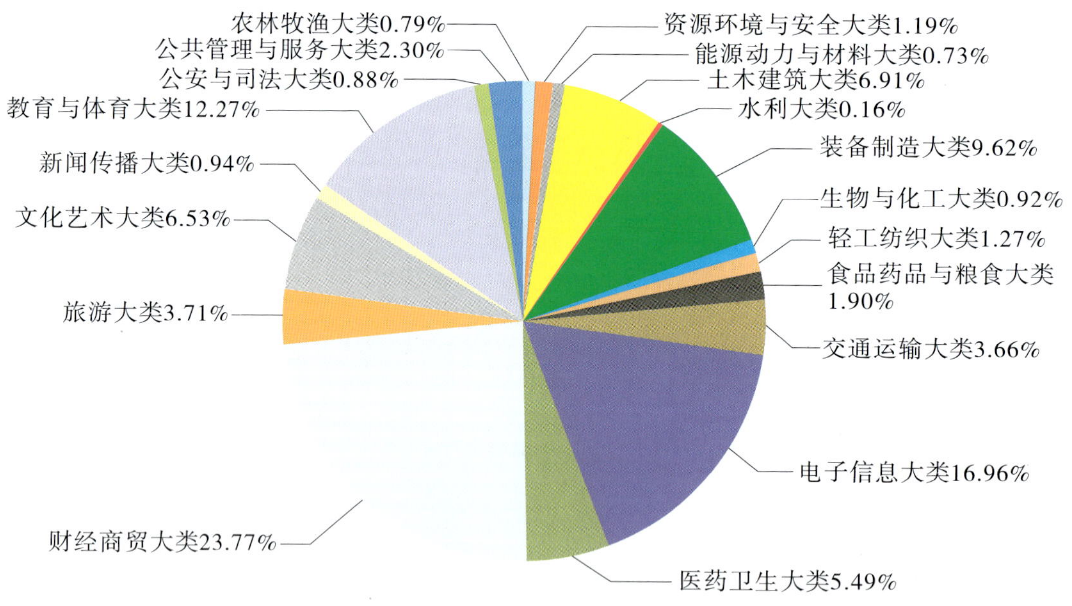

图 5　广东省高职院校专业大类分布

广东高职院校紧密围绕地方产业集群进行改革发展，并且积极加深与区域龙头企业合作，对接高端产业和产业高端，组建中国特色高水平专业群（具体名单见表 4）。

表 4　广东省高职院校国家级高水平专业群

学　校	高水平专业群
深圳职业技术学院	通信技术、电子信息工程技术专业群
广东轻工职业技术学院	精细化工技术、产品艺术设计专业群
广州番禺职业技术学院	艺术设计、珠宝首饰技术与管理专业群
深圳信息职业技术学院	软件技术、移动通信技术专业群
顺德职业技术学院	家具设计与制造、制冷与空调技术专业群
广东科学技术职业学院	软件技术专业群
广东水利电力职业技术学院	水利水电建筑工程专业群
广州铁路职业技术学院	铁道供电技术专业群
东莞职业技术学院	电子信息工程技术专业群
广东工贸职业技术学院	测绘地理信息技术专业群
广东机电职业技术学院	数控技术专业群
广东食品药品职业学院	中药学专业群
广州民航职业技术学院	飞机机电设备维修专业群
中山火炬职业技术学院	包装策划与设计专业群

2.3.2　人才培养质量提升

全省高职院校毕业生就业总体情况良好，就业率、理工农医类专业相关度、雇主满意度的比例稳中有升，毕业三年职位晋升比例略有下降（见图 6）。

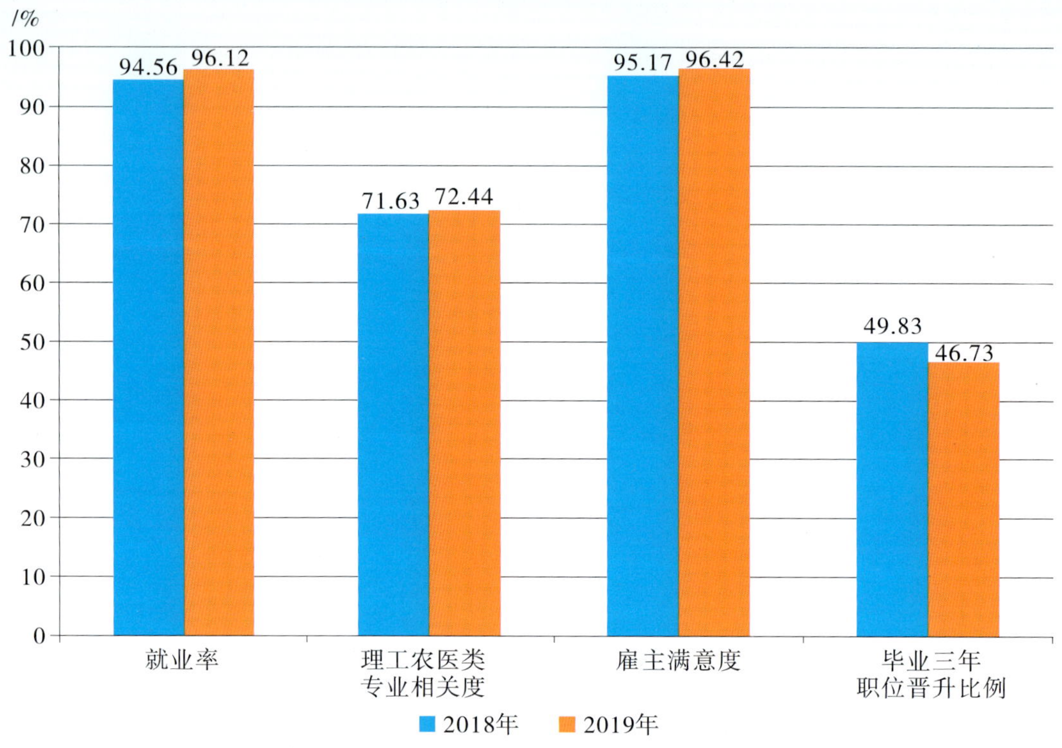

图 6　2018 年、2019 年广东省高职院校毕业生就业基本情况

2.4 强服务

以“强服务”为目标，深入开展产教融合、校企合作，实施职业院校服务发展行动计划，开展粤港澳大湾区职业教育合作，扩大与“一带一路”沿线国家的职业教育机构合作，主动跟随优质产业或重点企业“走出去”，服务发展能力显著增强。

2.4.1　院校分布契合产业发展

高职院校分布与广东产业集群高度聚集在珠江三角洲地区基本一致，珠江三角洲地区高职院校有 72 所，占 80.00%；仅广州市就有高职院校 46 所，占 51.11%。高职院校的高度聚集为粤港澳大湾区建设提供了有力的人才支撑。

2.4.2　服务发展能力提升快

技术服务到款额、技术服务产生的经济效益、纵向科研经费到款额、技术交易到款额稳步增长。2019 年，技术服务到款额 3.5 亿元，比 2018 年增长 25.90%；纵向科研经费到款额 3.25 亿元，比 2018 年增长 52.58%（见图 7）。技术服务产生的经济效益达 14.77 亿元，是 2018 年的 3.42 倍。

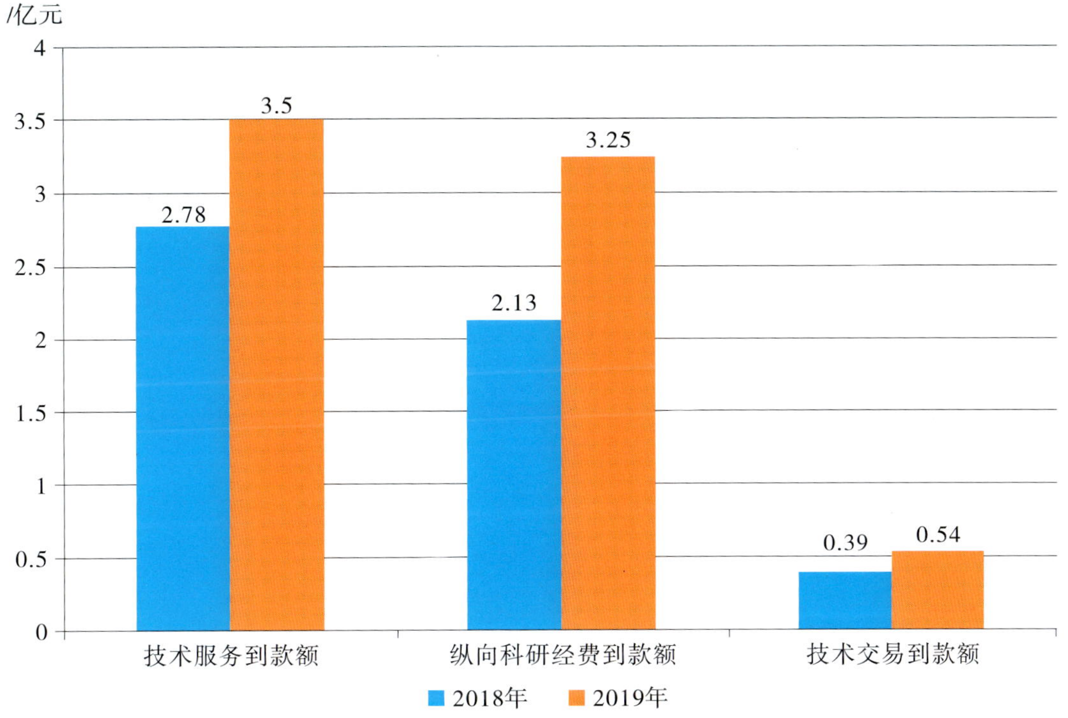

图 7　广东省高职院校技术服务能力

3 学生发展

3.1 全面发展

广东高职院校深入贯彻落实习近平总书记在全国教育大会上的重要讲话精神，创新德育模式，注重德技并修，完善体育和美育育人平台，注重以劳育人，着力培养德智体美劳全面发展的社会主义建设者和接班人。

3.1.1 创新德育模式，提升德育效果

广东高职院校通过校内校外、课内课外、线上线下等多样化渠道，打造“思政第一课”“粤易班”“三下乡”“学雷锋志愿服务”等德育品牌，教育引导学生牢固树立社会主义核心价值观，落实立德树人根本任务。

3.1.2 坚持三全育人，促进德技并修

广东高职院校健全人才培养体制机制，构建“三全育人”大格局，将立德树人贯穿学校教育教学和学生成长成才全过程，在“润物细无声”中形成全员全过程全方位育人格局，促进学生德技并修。

案例 2

聚焦“第二课堂成绩单”，努力构建“三全育人”长效机制

广东工贸职业技术学院聚焦“第二课堂成绩单”，努力构建“三全育人”长效机制。学校出台《“大学生素质拓展计划”实施纲要》等规章制度，聚焦“第二课堂成绩单”并赋予其必修学分，努力构建党建引领下的“三全育人”长效机制。

教师教育类专业学生积极参与脱贫攻坚

揭阳职业技术学院组织教师教育类专业学生前往揭阳市揭东区埔田镇刘厝寨小学开展支教活动，先后实施了资助贫困学生，捐赠图书、学习用品等多个儿童公益项目，开展一系列帮扶行动。通过帮扶，学生增长了教学技能，增强了服务社会和服务国家脱贫攻坚战略的使命感和责任感。

揭阳职业技术学院学生开展支教活动

3.1.3 强化美育体育，完善课程体系

广东各高职院校积极落实全国教育工作会议精神，进一步强化体育美育工作，通过完善相关课程体系，对体育、美育增加了刚性要求。如增加体育学时、增设体育比赛项目、将体质健康测试成绩纳入毕业资格、开设公共艺术课程并纳入学分管理等，学生体质健康测试达标率大幅提高，认识美、爱好美和创造美的能力全面提升。

案例 4

以文化人，以美育人，着力开展平台建设

深圳信息职业技术学院充分发挥高校文化传承创新的优势和作用，坚持以立德树人的“高站位”，从学生喜闻乐见《诗经》吟唱的“小切口”，深入推进中华优秀传统文化“全体系”融入高校教育，以文化人，以美育人，着力打造诗经文化基地。该基地获评 2019 年全国职业院校校园文化建设“一校一品”示范基地。

师生在诗经文化基地练习演唱诗经

3.1.4 强化劳动教育，培养劳动精神

广东各高职院校深入学习贯彻习近平总书记关于劳模精神、工匠精神的重要论述精神，坚持以劳育人，将劳动教育融入职业素养教育，通过志愿服务、职业技能竞赛、项目研究、第二课堂等方式，培养学生劳动习惯和劳动精神，锤炼刻苦钻研、乐于奉献的品格。

案例 5

坚持以"六个一"工程牵引劳动育人

广东机电职业技术学院致力营建以"六个一"工程为基础的劳动教育路径，即以"参加一次科技赛事"培养学生的工匠精神，以"参加一次企业实践"培养学生的敬业精神，以"投身一项志愿服务"培养学生的奉献精神，以"形成一项业余爱好"培养学生的人文素质，以"参与一项企业项目"培养学生的创新精神，以"取得一项职业证书"培养学生的学习习惯。自 2010 年起至今，学校获得的国家级、省级奖项在全省排名前列，建校外孵化基地达 40 个。

教师与学生团队利用业余时间研制科技作品

3.2 在校体验

广东各高职院校以服务学生发展为目标，不断改善教学条件、加强实践教学、提升教学管理和学生工作水平，增强学生满意度和获得感。

3.2.1 搭建平台，校园实践丰富多彩

高职院校积极搭建多元实践平台，通过鼓励学生投身社会实践，把科学精神和专业素养融入青年志愿者活动、社团活动、"三下乡"等社会实践活动，实现专业技能、文化素质和服务社会能力有机融合，提升学生综合素质，增强学生社会责任感。抽样调查显示，2018—2019 学年广东有近 70% 的学生参与志愿者活动（见图 8），有

66.93% 的学生参加各类社团活动。近两年，有关大数据、人工智能、机器人的学生社团在高职院校中涌现，极大地丰富了学生的校园生活。

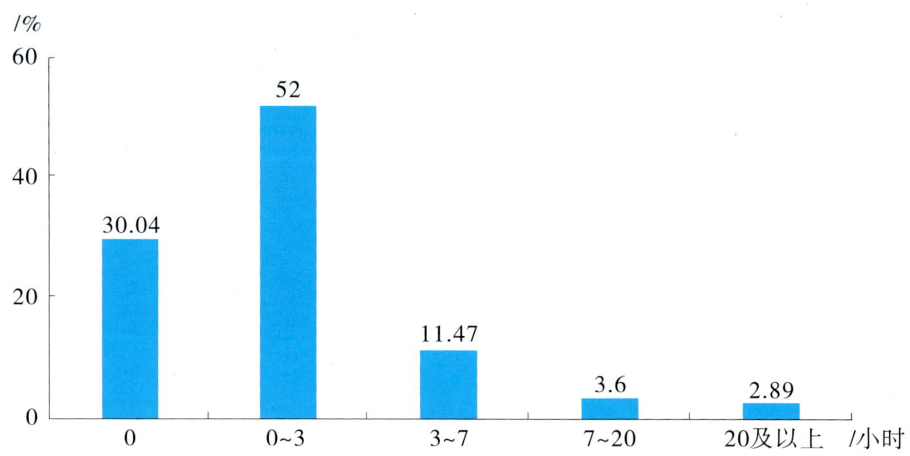

图 8　2018—2019 年广东学生平均每星期参与志愿者活动的时间

案例 6

“寻找最美家乡河”，助力生态文明建设

广东水利电力职业技术学院师生开展以“寻美东江”为主题的暑期社会实践活动，将社会实践活动与中央精神和国家战略相结合、与红色教育和精神传承相结合、与治水爱水和社会服务相结合、与专业知识和行业需求相结合，助力生态文明建设。短视频“我们同是水利人”被推荐至“学习强国”平台，产生了广泛而积极的社会影响。

3.2.2　教书育人，满意度明显提升

各高职院校统筹安排课内课外两个阵地，做到课堂育人与课外育人相结合，并根据学生成长需要，结合不同类型课程特点，不断创新教育教学方法，提升思想政治课、公共基础课和专业课教学的实效性，满足不同类型课程育人需要。全省高职学生学习情况调查结果显示，与 2018 年相比，2019 年在校生对课堂内外育人、课程教学方面的满意度提升了 10 个百分点左右（见图 9）。

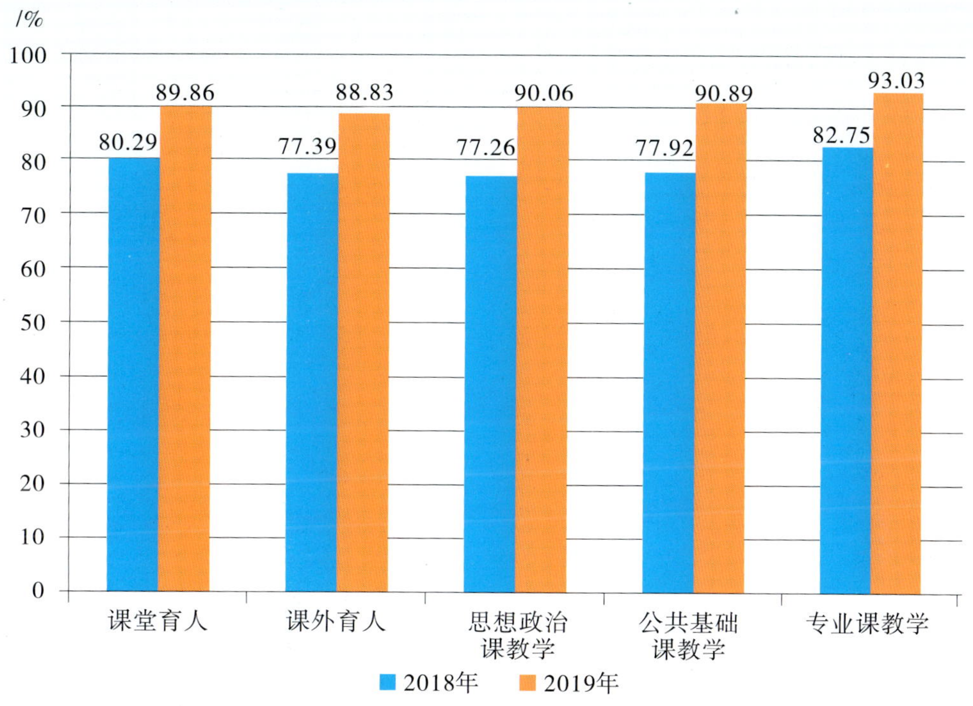

图 9　课内外育人和课堂教学满意度比较

3.2.3　加强管理，服务体验逐步优化

高职院校坚持以学生为中心，不断推进教学管理和学生管理改革，强化服务学生发展，服务人才培养。对全省高职学生的调查结果显示，在校生对学校学习条件的总体满意度为 87.31%，对学校学习条件各部分的满意度见图 10；对教学管理工作总体满意度为 90.80%，对教学管理工作各部分的满意度见图 11；对学生工作总体满意度为 89.78%，对学生工作各部分的满意度见图 12。广东有 4 所高职院校入选全国高职院校教学管理 50 强案例，列全国第一；有 3 所高职院校入选全国高职院校学生管理 50 强案例，并列全国第一。

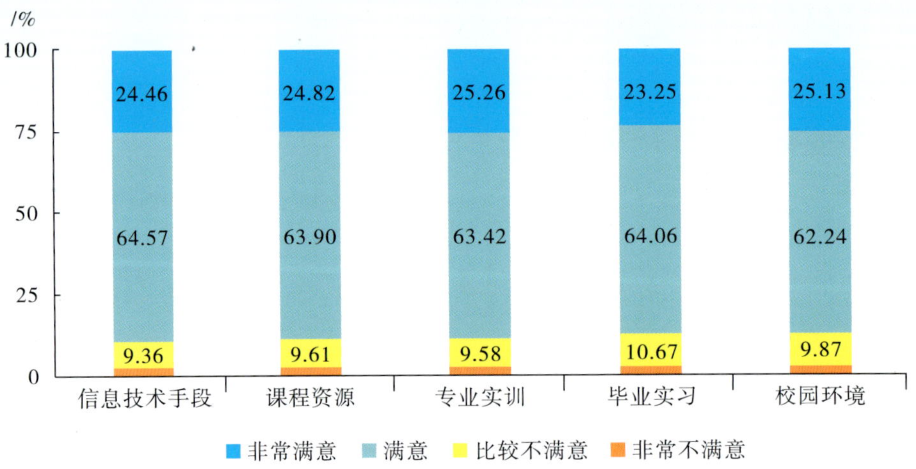

图 10　学生对学校学习条件各部分的满意度

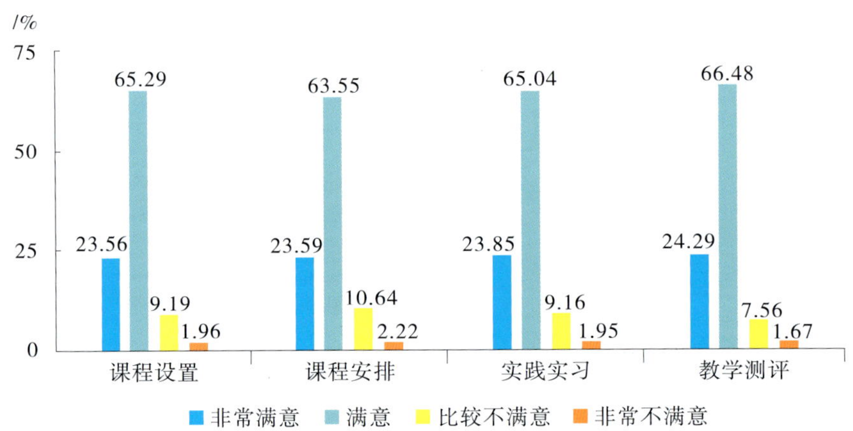

图 11　学生对学校教学管理工作各部分的满意度

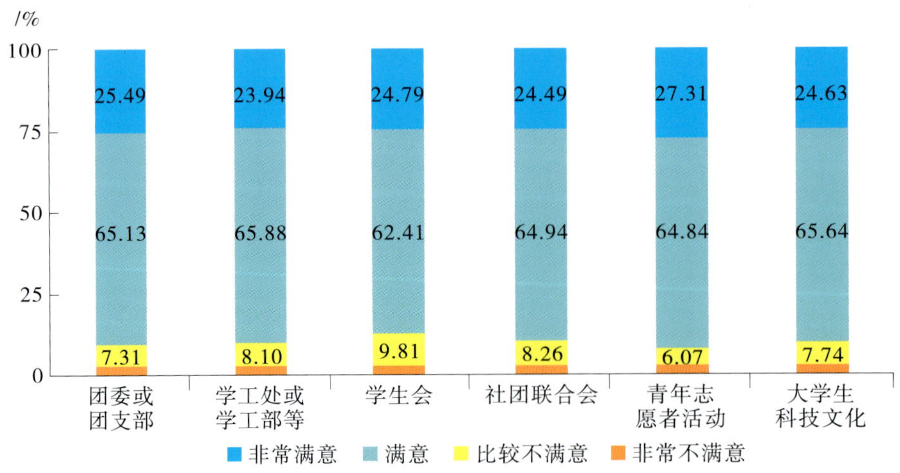

图 12　学生对学校学生工作各部分的满意度

3.2.4 精准帮扶，完善学生资助体系

完善学生资助体系，围绕受助学生的发展需求，逐步建立起了以“奖、贷、助、补、减”为主要方法的资助政策体系，着力推进个性化资助，不断提升帮扶实效。2019 年，奖助学生人数 43.87 万人，比 2018 年增加了 5.22 万人，增幅为 13.51%；减免学杂费人数 2.16 万人，比 2018 年增加了 1.02 万人，增幅达 89.47%。

3.3 职业发展

广东省出台职业培训补贴、社保补贴、优秀创业项目资助、创业担保贷款等系列就业创业扶持政策，激励毕业生就业创业。各高职院校强化就业服务，夯实“双创”平台，提高学生职业素养，为粤港澳大湾区建设培养大国工匠、能工巧匠和各类高素质技术技能人才。

3.3.1 加强就业服务，提升就业质量

各高职院校采取线上线下组合方式加大就业服务，借力“互联网 +”，建立就业创业指导平台，运用就业信息网站和微信公众号等形式，及时发布企业招聘信息、求职知识和技巧及就业创业政策信息。线下组织现场招聘会，提供精准就业指导和就业服务，全面提高毕业生就业成功率和就业质量。主要表现为以下四个方面：

一是毕业生就业率由降转升。2019 年高职学生就业率为 96.12%[①]，较 2018 年提高了 1.56%（见图 13）。

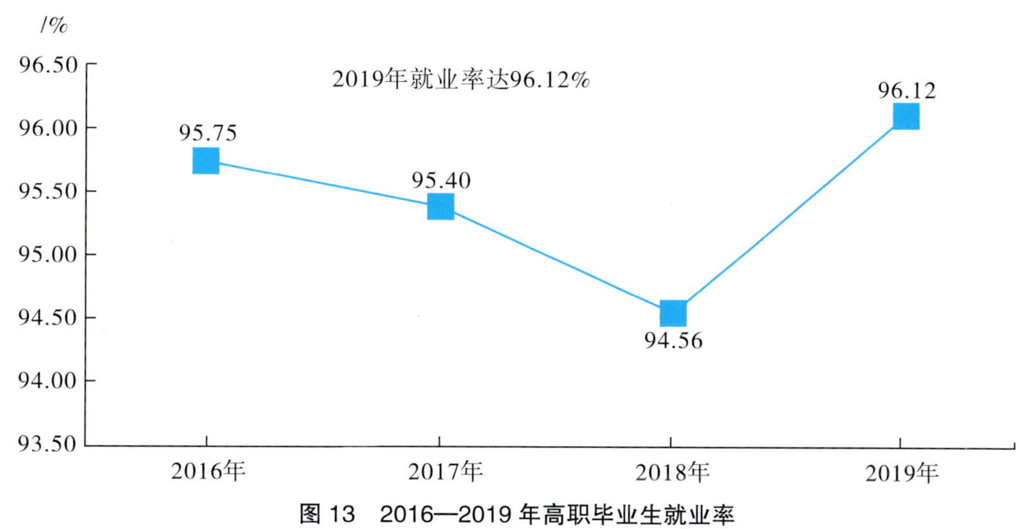

图 13　2016—2019 年高职毕业生就业率

① 数据来源：2019 年广东省高校毕业生就业质量年度报告。

二是毕业生半年后平均月收入增长较快。2019 年毕业生平均月收入 3 672 元，较 2018 年毕业生平均月收入增加了 310 元，增幅为 9.22%（见图 14）。

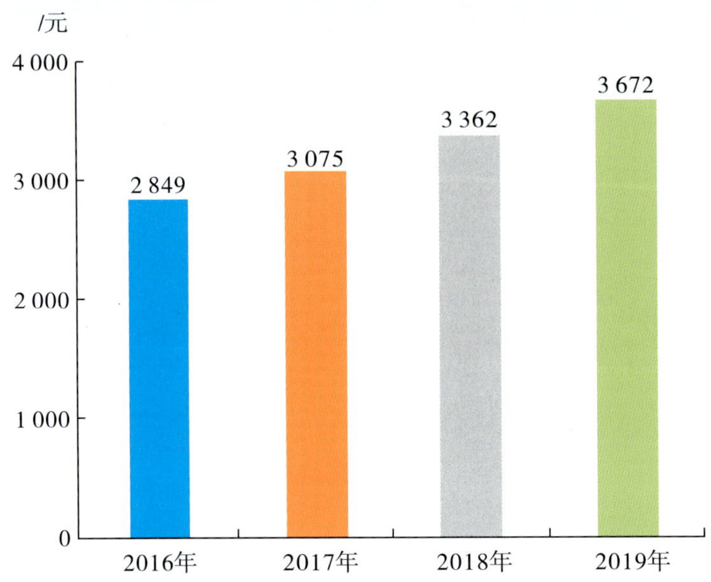

图 14　2016—2019 年高职毕业生毕业半年后平均月收入

三是理工农医类专业相关度略有提升。较 2018 年增长了 0.81%（见图 15），体现出广东 2019 年毕业生对理工农医类专业工作岗位的认可度有所提高，以及从事理工农医类专业的毕业生的意愿程度有所上升。

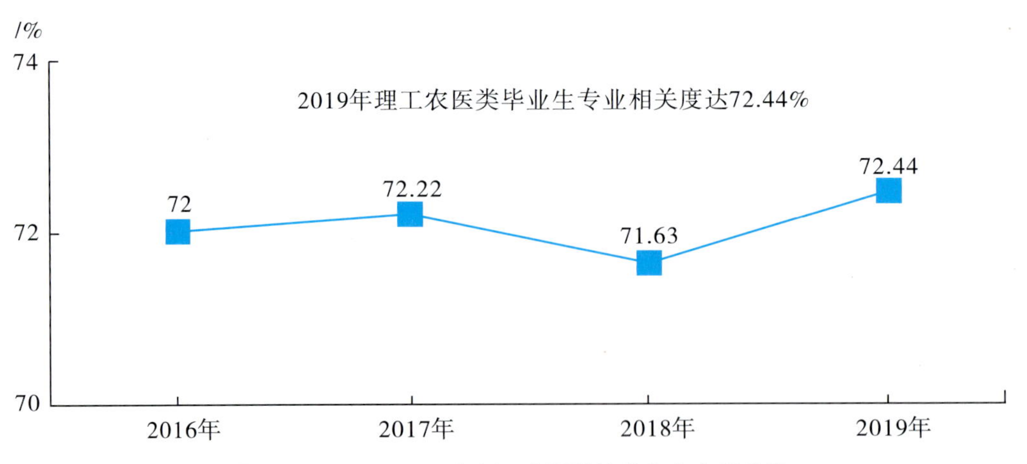

图 15　2016—2019 年理工农医类毕业生专业相关度

四是毕业生雇主满意度继续保持较高水平。2019 年雇主满意度为 96.42%，较 2018 年上涨 1.25%（见图 16）。

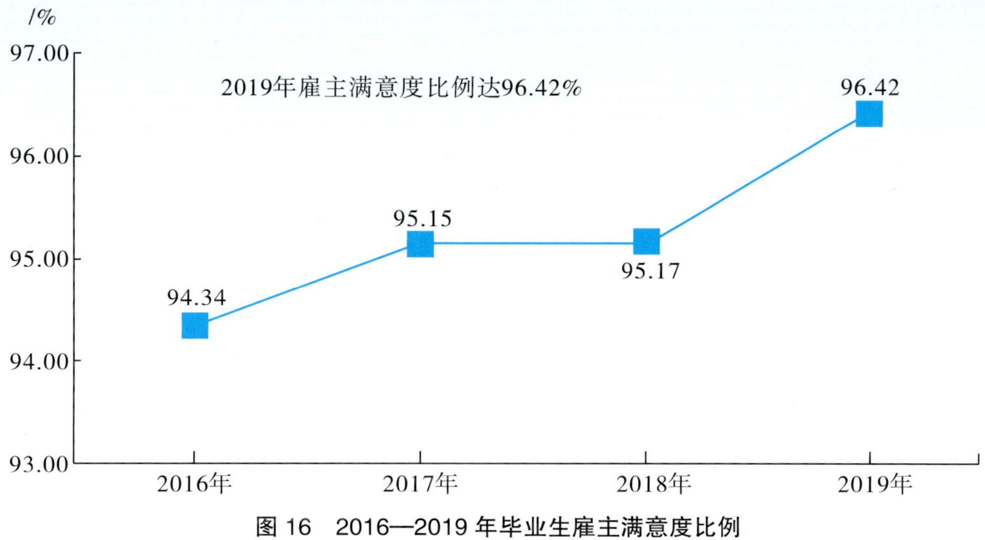

图 16 2016—2019 年毕业生雇主满意度比例

3.3.2 夯实“双创”平台，提升“双创”水平

高职院校校企共建融合“综合实践、科研训练、双创竞赛和校外孵化”四种功能的“双创”育人平台，打造“训、创、赛、孵”全链条，在“双创”场地、师资教学、竞赛、孵化等方面均取得长足进步。省内高职院校以创意创业园、创客中心、创客空间为“双创”实践载体，大力弘扬粤商文化、完善“双创”课程体系，打造品牌“双创”活动。在 2019 年第五届中国“互联网 +”大学生创新创业大赛全国现场总决赛中，广州番禺职业技术学院获得金奖 1 项，深圳职业技术学院、广东文艺职业学院和广州城建职业学院 3 所高职院校的 4 个项目获得银奖。①2019 年广东高职毕业生自主创业比例达 0.31%，比 2018 年略有下降（见图 17）。

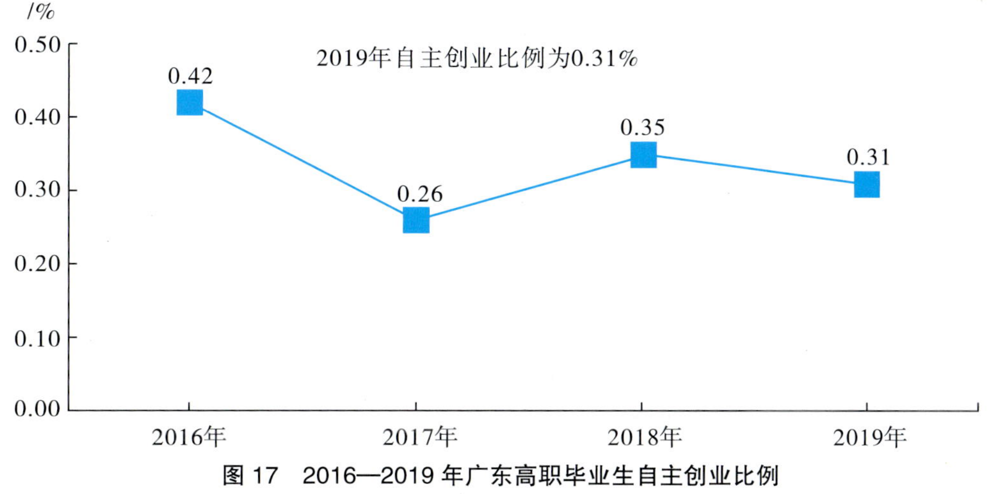

图 17 2016—2019 年广东高职毕业生自主创业比例

① 资料来源：https://new.qq.com/omn/20191015/20191015A0GB0900.html.

案例 7

“产、学、研、创”四维融合，培养创新型环保英才

广东环境保护工程职业学院立足环保行业，在“产、学、研、创”思维融合的反复实践中，摸索出了一条适合高职办学特点的创新型人才培养模式，即“创新引领，项目导向，师生一体”的创新环保人才培养模式。

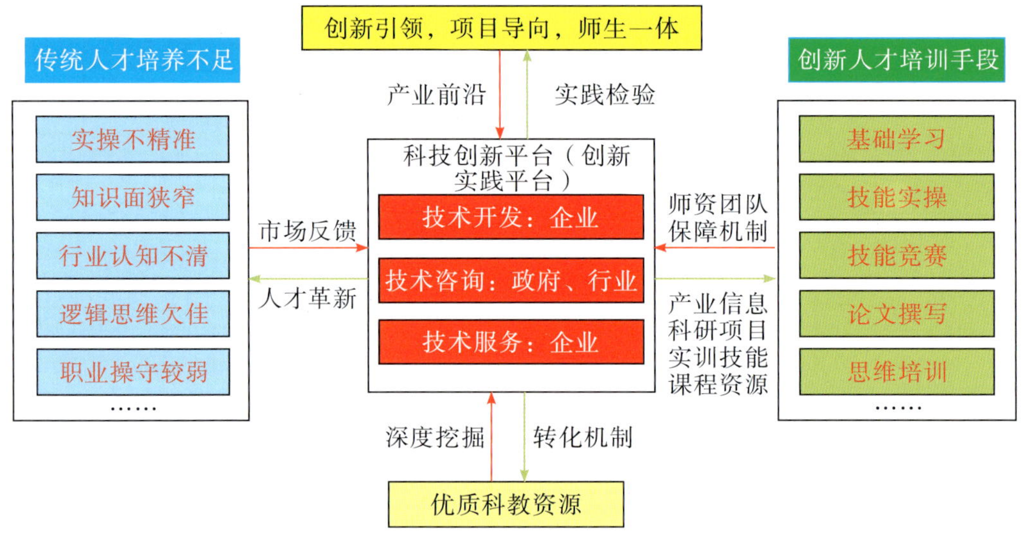

“创新引领，项目导向，师生一体”的创新环保人才培养模式

案例 8

“金辉工艺品产学研基地”师生技术技能创新成绩斐然

广东科学技术职业学院“金辉工艺品产学研基地”师生研发制作的“阿联酋警察盾徽”在 2019 年 10 月举行的阿拉伯联合酋长国警察大会上获得吉尼斯世界纪录。据悉，该盾徽由基地师生和企业导师共同研究工艺，突破技术瓶颈，在学校的创新工场手板及贵金属生产车间完成。此外，该基地师生设计的作品《百乐门模型智能音响》，在 2019 年第十五届中国（深圳）国际文化产业交易博览会上，荣获被誉为“中国文化产业第一展”的“中国工艺美术文化创意奖金奖”。

3.3.3 以赛促教促学，提升职业技能

各高职院校充分发挥技能大赛教学的作用，把职业技能的培养纳入学生课程学习之中，通过以赛促教，促使教师不断提高专业技能和教学能力。中高职学生参加全国技能大赛共获奖 256 个、575 人次，均位列全国前三名，获奖比例近 90%，领先于全国平均 30 个百分点。高职组广东省获得一等奖 23 项、二等奖 58 项，获奖总数 138 项，全国排名第五 ①。学生在国（境）外技能大赛获奖数量 134 项，较 2018 年增加了 9 项。

案例 9

完善体制机制，激发参赛热情

2019 年，深圳职业技术学院学生在全国职业院校技能大赛中硕果累累，共获一等奖 10 项、二等奖 7 项、三等奖 2 项，一等奖获奖数全国第一，充分展示了学校人才培养质量和综合竞争力。学校坚持以赛促教、以赛促学、以赛促改的理念，将竞赛内容和教学目标较好地融入人才培养当中，教授新知识、新技能、新工艺，拓展学生综合素质，增强学生竞争力，为取得优异成绩奠定了坚实的基础。

深圳职业技术学院学生荣获全国职业院校技能大赛一等奖

① 数据来自高职发展智库微信公众号：https://mp.weixin.qq.com/s/uJtGpZdln7WtyEx8Ga5dhA.

3.3.4 厚植职业素养，培养工匠精神

高职院校坚持把职业素养培育与区域特点相结合，以“人文素养为支撑点，职业技能、工匠精神培养为通路”，致力于培养一专多能人才。通过引进专业技能高端人才、建设技能大师工作室、推行“现代学徒制”、开展“工匠入校园”、开设“工匠精神”专场讲座、开办“知名企业家”讲坛等多种形式，培育学生的“工匠精神”。

案例 10

“大师一条街”传承创新优秀传统文化

中山职业技术学院先后引进了世界级手模大师马乐山、首批国家非物质文化遗产项目潮州木雕的代表性传承人陈培臣、彩瓷大师陈俊荣、“苏绣名师”周雪清、“潮州十大名厨”“广东烹饪大师”翁泳、广东省技术能手和中山“十大工匠”陈正民等，成立数个大师工作室和中国工艺美术大师陈培臣木雕艺术研究中心。通过工作室大师带徒弟的方式培养学生，让传统文化和“工匠精神”深入校园、深入课堂。

中山职业技术学院中国工艺美术大师陈培臣木雕艺术研究中心成立

4 教学改革

4.1 思政课建设

广东各高职院校深入贯彻落实习近平总书记在学校思想政治理论课教师座谈会上的重要讲话精神，贯彻落实中共中央办公厅、国务院办公厅《关于深化新时代学校思想政治理论课改革创新的若干意见》和中共广东省委教育工作领导小组《广东省学校思想政治理论课建设行动计划（2019—2021 年）》精神，对标“六要”标准，建强思政课教师队伍，积极践行“六个相统一”要求，深化思政课教学改革，不断增强思政课的思想性、理论性和亲和力、针对性。

4.1.1 加强队伍建设，发挥名师引领作用

广东各高职院校通过师资培训、教研活动、教学比赛、实践研修、典型带动等措施，加强思政课师资队伍建设，提升思政课教师教学水平。广东省教育厅在广东轻工职业技术学院设立高校思政课区域协同创新中心，在广东工程职业技术学院、广州番禺职业技术学院、深圳职业技术学院、顺德职业技术学院分别设立方燕、曹群、刘静、李霞等 4 个思政课名师工作室。广东水利电力职业技术学院林冬妹参加 3 月 18 日习近平总书记主持召开的学校思想政治理论课教师座谈会。深圳职业技术学院张莎莎获 2019 年粤桂琼赣滇五省（区）高校思想政治理论课青年教师教学基本功比赛二等奖。广东省外语艺术职业学院刘程雯、广东交通职业技术学院殷鑫、顺德职业技术学院胡琴入选广东省教育厅主办的“我最喜爱的思政课教师”展示活动。

案例 11

建设高水平师资队伍，形成思政课高质量发展模式

顺德职业技术学院以高水平师资队伍建设为中心，开展理念培训、教学讨论、理论研究等，建设高水平思政课师资队伍；以创新体制机制为突破口，全面推进思政课思路创优、师资创优、教材创优、教法创优、机制创优、环境创优，形成有特色的思政课高质量发展模式与品牌。在教育部举行的首届全国高校思想政治理论课教学展示活动中，学校思政课教师荣获两个全国一等奖，是广东省唯一获得两项一等奖的高校。

徐婷婷老师指导学生开展课内实践教学活动

4.1.2 深挖教育资源，切实推进课程思政

广东各高职院校全面落实《广东省教育厅关于强化课程思政建设一流课程的意见》（粤教高〔2019〕7 号）精神，深度挖掘每一门课程蕴含的思想政治教育资源，发挥所有课程育人功能，推动各类课程与思政课同向同行，形成协同效应。中山职业技术学院成立名教授工作室，寻找专业课程与思政课的结合点，探索“名师引领、骨干先行、教研联动”的课程思政模式；广州城建职业学院将“平面广告”等专业课程融入思政元素；珠海城市职业技术学院建立珠海市高校首个思政课实践教学体验馆——树人馆，营造立体化育人环境。

案例 12

协同推进大中小学思政课一体化建设

为统筹大中小学思政课一体化建设，推动各类课程与思政课建设形成协同效应，2019 年 11 月 24 日，“广州市学校思想政治理论课协同创新中心”在广州番禺职业技术学院正式揭牌。该中心面向思政课学术前沿和国家、省及广州发展需求，整合广州市学校思政课教育资源，推动全市大中小学思政课教师共享资源，有力推进广州市大中小学思政课一体化建设。

广州市学校思想政治理论课协同中心成立

4.1.3 创新教学手段，增强学生学习效果

广东各高职院校积极利用微课、微型剧、原创话剧和舞台剧、微电影创作、新闻播报、红歌快闪、小品、主题演讲、知识竞赛等活泼形式，增强思政课的吸引力和亲和力，最大限度提高学生课堂“抬头率”，增强学生学习思政课的效果。全省高职院校在 2019 年秋季学期同步开设“马克思主义中国化进程与青年学生使命担当”精品思政课程。广东女子职业技术学院师生参与拍摄的微电影《旗手》在“我心中的思政课”第三届全国高校大学生微电影展示活动中荣获一等奖；广东工贸职业技术学院打通思政课教学“前后一公里”的经验，作为学习贯彻习近平总书记重要讲话精神优秀案例在 2019 年

4 月 30 日《中国教育报》上刊登；江门职业技术学院创作红色话剧《大义长争》，广东职业技术学院创作舞台剧《信仰的力量》，传承红色革命精神，打造鲜活“思政课堂”。

江门职业技术学院创作红色话剧《大义长争》剧照

广东职业技术学院原创舞台剧《信仰的力量》剧照

4.2 专业建设

2019 年，在教育部《高等职业教育创新发展行动计划（2015—2018 年）》项目认定中，14 所高职院校认定为优质专科高等职业院校，187 个专业认定为骨干专业，82 个实训基地认定为生产性实训基地，上述成果分别占全国的 7%、6.43% 和 7.04%。在 2019 年省教育教学成果奖评选中，159 个高等职业教育项目通过评审、公示获奖。

4.2.1 对接区域产业，建设高水平专业群

广东高职院校立足地方产业集群，主动与区域龙头企业深化合作，对接产业高端项目并和高端产业构建高水平专业群。在教育部组织的中国特色高水平高职学校和专业建设计划遴选中，广东 14 所高职院校的 19 个专业群入选。2019 年 11 月，省教育厅启动省级高水平专业群建设工作。

案例 13

服务粤港澳大湾区，打造中国特色高水平专业群

东莞职业技术学院立足东莞，服务粤港澳大湾区，聚焦东莞高端化智能终端产业和传统产业高端环节，重点建设与华为公司深度协同育人的电子信息工程技术专业群。广东工贸职业技术学院以 9 个省高水平专业为核心，组建 9 个与产业精准对接的专业群；专业群与大湾区国家战略同行，与区域经济发展精准对接，其中测绘地理信息技术专业群获得中国特色高水平专业群建设立项。

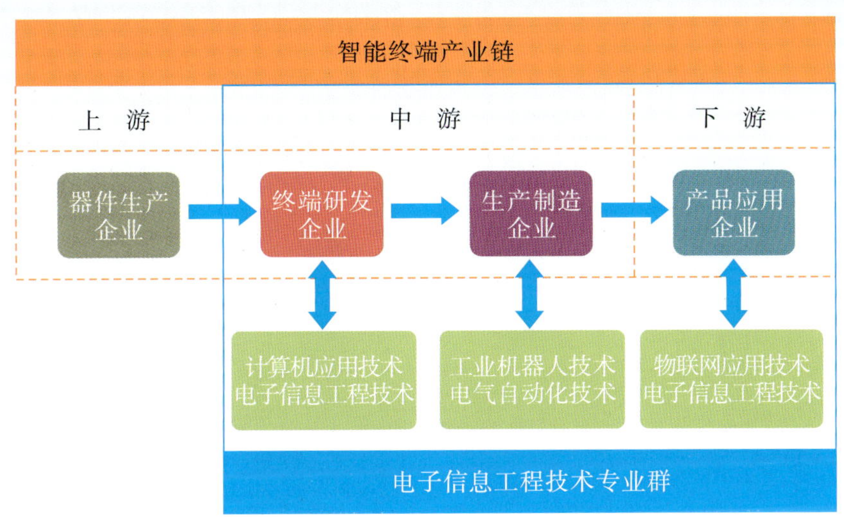

东莞职业技术学院高水平专业群建设示意图

4.2.2 深化三教改革，提高人才培养质量

教师信息化教学能力显著提升，全省高职线上开设课程数 15 039 门，课均学生数 574 人，增幅分别达到 38.49% 和 19.65%。在 2019 年全国职业院校技能大赛教师教学能力比赛中，广东获一、二等奖总数蝉联全国第一，并获得“最佳组织奖”，其中高职组获一等奖 3 项、二等奖 4 项。积极开展教学资源建设，全省高职院校主持的 20 个专业教学资源库获教育部立项，立项项目占总数的 22%，其中作为第一主持单位的达 12 个。新立项省级高职教育精品在线开放课程 101 门。

案例 14

多渠道联动，积极推动三教改革

广州民航职业技术学院主持的“飞机机电设备维修专业教学资源库”获 2019 年国家级职业教育专业教学资源库立项。资源库涵盖 12 门课程，已建成资源素材 7 000 多条，注册用户 15 000 多人，成为服务全国民航维修领域在校生、教师和企业员工的在线学习平台。

深圳职业技术学院游戏动漫专业群创新了“角色体验学训用”一体化实践教学方法，通过职业角色驱动学生学习。校企合作组建 9 个学生创业团队，实践成果上线腾讯应用宝和 360 应用市场。

广东省外语艺术职业学院以教学四化改革为基础，以赛促教提升教师教学水平。在 2019 年全国职业院校技能大赛教学能力中取得了全国一、二等奖各一项的突出成绩，成为同时拿下国家一、二等奖项的全国 13 所高职院校之一。

广东省外语艺术职业学院《跳跃的音符——教师音乐技能》作品创作团队获全国一等奖

4.2.3 探索 1+X 证书，系统推进试点工作

广东深入落实《国家职业教育改革实施方案》关于 1+X 证书制度试点工作要求，重点在省级以上示范校的省级以上重点、品牌专业中开展试点，聚焦项目遴选、课题研究、教师队伍建设和培训、人才培养方案优化等方面系统推进。目前中高本院校参与试点的在校生达 4 万人，占全国的 8%，居全国前三位。广东机电职业技术学院参与了 Web 前端开发职业技能等级标准建设，编制了 2 万多字的《Web 前端开发职业技能等级标准》，构建了课证融通的大类培养—专业培养—分流培养“三段式”人才培养“新”方案。

案例 15

1+X 证书试点等政策措施融入专业诊改

广州城市职业学院研制《专业人才培养工作质量标准》（人文社科类），在两个方面进行了完善：一是在 12 个专业列入教育部 1+X 证书改革试点基础上，将职业技能证书试点工作融入专业质量标准，列入质量评价要素和重要观察点；二是针对“扩容、提质、强服务”的新形势，把扩大专业办学规模、提高报考率和就业质量，以及社会服务能力提升，列入专业质量评价范畴。2019 年，诊改专业提出问题诊断 215 个，提出改进措施 142 个，改进有效率达到 92%。

案例 16

广州城建职业学院 BIM 试点通过率高居榜首

广州城建职业学院积极开展建筑信息模型（BIM）职业技能等级证书试点建设，2019 年 9 月 22 日，学院 40 名考生参加 BIM 证书考试通过 39 名，通过率达 97.50%，高居全国榜首；11 月 23 日，668 名学生参加全国首批 BIM 试点院校正式考试，考生规模在全国同批次 141 所院校中位列第一。首批试考获 00001 号证书的林励昂同学当日在会上接受央视新闻频道采访，成为职教改革首批获得职业资格技能等级证书（BIM）的典型案例。

广州城建职业学院学生获得 BIM 职业技能等级证书

4.3 师资管理

高职院校深入推进教师聘任制度改革，全方位发力“名师名匠建设工程”，着力打造高水平“双师型”教师队伍。

4.3.1 创新评价机制，激发教师队伍活力

广东将教师作为第一资源，深入推动教师队伍管理改革，创新教师队伍建设机制，激发教师队伍活力；深化教师编制及岗位管理改革，推动全省高职院校加强教师聘任制改革，优先聘任有行业企业工作经历的高技能人才进入教师队伍，逐步形成绩效导向的“双师”教师队伍管理机制。

4.3.2 建设双师队伍，凸显职教师资特色

各高职院校多措并举，持续优化“双师型”教师队伍结构，“双师型”专任教师占比达到65.01%，比2018年增加5.82个百分点；不断提升企业兼职教师队伍水平，建立兼职教师资源库；推进教师发展中心建设，搭建“双师型”教师培养培训基地，探索“双师型”教师素质提升的长效机制，“双师型”教师培养机制不断完善。

案例17

建章立制打造“双师型”教师培养长效机制

广州番禺职业技术学院出台多项制度，加快“双师型”教师建设进程，今年有237位教师完成“双师型”教师认定。广东农工商职业技术学院与广东农垦集团公司合作共建了23个“双师型”教师培训基地，提高学校教师的“双师”素质，助力提升企业的管理和技术水平。至今共有9批160名教师接受实践锻炼。佛山职业技术学院加强和完善全脱产下企业实践管理，保障教师全脱产下企业实践利益，学校累计组织92名教师全脱产下企业实践，累计时长56年。

广东农工商职业技术学院教师在培训基地指导剑麻加工生产技术

4.3.3 引育名师名匠，打造高职师资高地

各高职院校立足区域、结合校情，推动高水平师资引育机制改革，着力建设“国家工匠之师”引领的高层次人才队伍。实施职业教育名师工作室和技能大师工作室建

设计划，形成“省—市—校”名师工作室梯队建设机制。实施职业教育教师教学创新团队和专业领军人才培养计划，建立高水平教师团队。在首批国家级职业教育教师教学创新团队遴选中，8 个团队公示入选。

案例 18

引进技能大师建设高职工匠之师

河源职业技术学院特聘深圳美协原主席、国家一级美术师、中国美术家协会会员、广东省美协理事骆文冠先生为教授、导师，创建骆文冠艺术园区，内设“大师工作室”。工作室以开放共享为导向，筑巢引凤，吸引技能大师、企业工匠，大师为“头雁”将工匠精神带进课堂，开展技艺传承，技能推广。江门职业技术学院聘请国家级非物质文化遗产项目新会葵艺代表性传承人廖惠林为高层次技能型兼职教师，开设的廖惠林葵艺文创产品技能大师工作室被认定为广东省技能大师工作室。

廖惠林进行葵艺文创产品创作

5 产教融合

5.1 共筑产教融合平台

广东高职院校与行业企业紧密合作，以示范性职业教育集团（联盟）、产业学院、产教融合基地建设为抓手，推动产教融合深度发展。

5.1.1 推进职教集团建设，支撑产业高端发展

以提升职教集团服务现代职业教育体系建设能力为目标，按照《教育部关于深入推进职业教育集团化办学的意见》（教职成〔2015〕4号）工作要求，广东加快职教集团建设，推进实体化运作，职教集团的综合服务能力显著提升。全省共建有各类职教集团66个，覆盖先进装备制造、高端新兴电子信息、新能源、新材料、航空航天等支柱产业，其中立项建设省示范职教集团24个，2019年推荐8个职教集团参与国家示范职教集团遴选。

案例19

质量监控企业“五参与”，确保人才培养高质量

广东轻工职业技术学院联合全国轻工职业教育教学指导委员会（简称全国轻工行指委），整合职教集团内50余家企业资源，聚焦专业建设，构建企业深度参与质量监控的“五参与”特色模式，即企业参与学校人才培养方案和课程标准论证、课程教学评价、顶岗实习评价、雇主满意度调查和专业评价的五个关键环节，并形成《行业企业参与质量监控实施方案》《“自我诊断＋企业参与”专业评价实施方案》。其中专业评价实施方案被全国轻工行指委认可，并在江苏食品药品职业技术学院等高水平高职院校轻工类专业进行推广。

5.1.2 推动产业学院建设，服务企业创新升级

广东高职院校精准对接区域行业产业需求，与高端行业、领军企业及科研机构联合组建跨专业的特色产业学院。依托产业学院，整合优质社会资源，探索多元化办学体制，共同培养高素质技术技能人才，服务企业创新升级。2019 年，广东又涌现一批产业学院，如广州城市职业学院适应老龄化社会快速发展需求建成“广城—保利恒福养老产业学院”；深圳信息职业技术学院携手深圳市物联网智能技术应用协会、深圳三诺集团共建智能物联应用技术产业学院。

案例 20

校企共建数字生活学院，助推职业教育数字化转型

深圳职业技术学院管理学院与美团公司共建“深职院美团数字生活学院”。以现代生活服务业专业群（包括酒店管理、旅游管理、物流管理等专业）为基础，推动校企双方在课程共建、师资共建、实训室共建、“1+X”证书开发、共建数字生活研究院等方面展开合作。打造成集人才培养、标准研制、产品应用、社会服务于一体的特色产业学院，为人工智能背景下生活服务业的数字化人才供需匹配提供解决方案。

美团大学与深圳职业技术学院签署战略合作协议

5.1.3 建设产教融合基地，加强创新人才培育

广东积极推动产教融合基地建设，支持龙头企业、学校、社会培训机构共同建设独立运作的公共实训基地，支持有条件的地市按基地接收实习实训人数和学时给予一定补助。例如，《深圳市人民政府办公厅关于促进职业教育校企合作的意见》（深府办函〔2013〕13号）明确规定对效益良好并经职业教育主管部门认定的校外公共实训基地，按其所属公办学校的隶属关系，分别由市、区财政给予一次性核拨建设经费；对校外实习实训基地所在企业，按接收实习实训学生实际人数以每人每月300元的标准给予补贴。如图18所示，2019年企业支持广东高职院校建立校外实习实训基地18 976个，提供实训项目60 176个；为学生提供住宿条件的校外基地9 268万个，比2018年增加了7.33%。

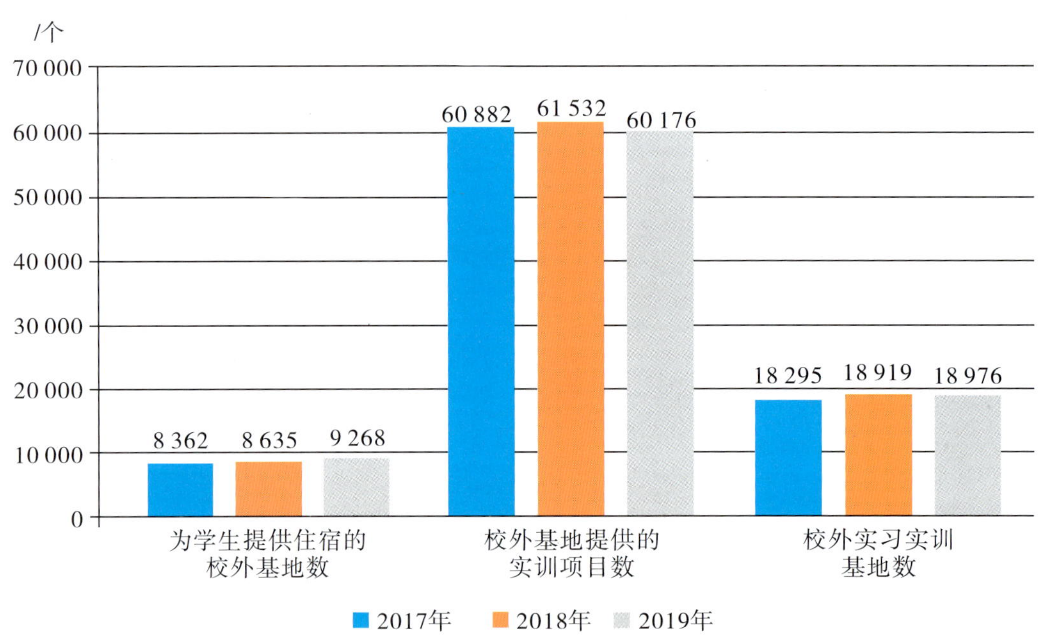

图18 2017—2019年企业支持高职院校建设校外实训基地情况

5.2 推进产教协同育人

根据广东社会发展和企业需求，结合教育部《高职扩招专项工作实施方案》部署，广东高职院校与企业合作开展“招生与招工一体化、校企双主体育人”的现代学徒制试点，帮助2.4万基层幼儿园教师和基层医疗卫生机构在职员工提高技能。全省有4家企业入选职业培训评价组织，产学合作校企共同开发教材2 310种，61家企业发布参

与高等职业教育人才培养年度报告，企业参与办学的数量和质量显著提升，产教协同育人成效显著。

5.2.1 推广现代学徒制度，助力创新驱动发展

广东高职院校积极落实《教育部办公厅关于全面推进现代学徒制工作的通知》（教职成厅函〔2019〕12号）的要求，在前期试点探索的基础上，全面推广现代学徒制度。2019年全省68所高职院校联合459家企业在379个专业点开展现代学徒制人才培养，招收学徒比2018年增加一倍，试点学校数占高职院校总数的78%。12家全国试点单位全部顺利通过2019年教育部组织的现代学徒制第二批试点单位验收。

案例21

科研先行引领现代学徒制人才培养

广东建设职业技术学院以科研先行指导现代学徒制实践，并通过边实践边总结，不断提升和固化成果。试点形成的《广东特色现代学徒制研究与实践》教学成果获2018年国家级职业教育教学成果一等奖。学院以研究成果为指导，与深圳市斯维尔科技股份有限公司共同创建广建斯维尔学院，开展工程造价专业（BIM方向）现代学徒制人才培养合作，为我国全面推进现代学徒制工作提供典型案例。首批48名学徒制学生于2019年7月正式出师，进入公司的BIM中心、BIM-CIM事业部及研发中心、产品研发部等核心部门。

广建斯维尔学院工程造价专业（BIM方向）现代学徒制人才培养

案例 22

共建实践教学共同体，开展现代学徒制培养

广州铁路职业技术学院面向轨道交通企业及区域信息技术中小微企业，在电气化铁道技术、计算机应用技术等 6 个专业协同开展现代学徒制人才培养，创新了“学院定目标、行业定标准、企业定岗位”的校、行、企三方协同机制和“1+*N*”校企双主体育人机制，形成了学院课程和企业课程交叉融合，学徒基本素质课程、行业非生产性训练课程和企业生产性岗位课程组成的“三层递进能力”训练课程体系，学院现代学徒制试点成果获得 2018 年国家级教学成果二等奖。

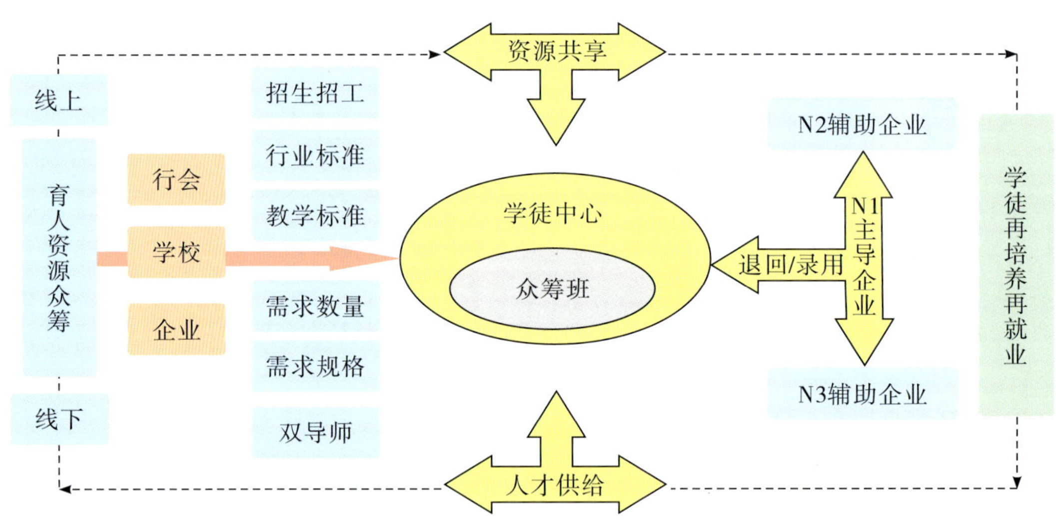

现代学徒制试点专业“1+*N*”校企双主体育人机制

5.2.2 积极开展订单培养，对接企业用人需求

广东各高职院校以社会、企业等利益相关者的需求为导向，结合学生个性化发展的需要，与行业企业合作实施订单班培养，共同制定人才培养方案，共同实施教学。如图 19 所示，2019 年，参与高职院校产学合作的企业达到 21 233 家，比 2018 年增加 2.18%；高职院校与合作企业以多种模式开展产业需要的人才培养，其中订单培养学生 32 319 人，比 2018 年增加 16.95%；合作企业接收顶岗实习学生 111 674 人，比 2018 年增加 1.54%；学校为产学合作企业培训员工 101.27 万人日。

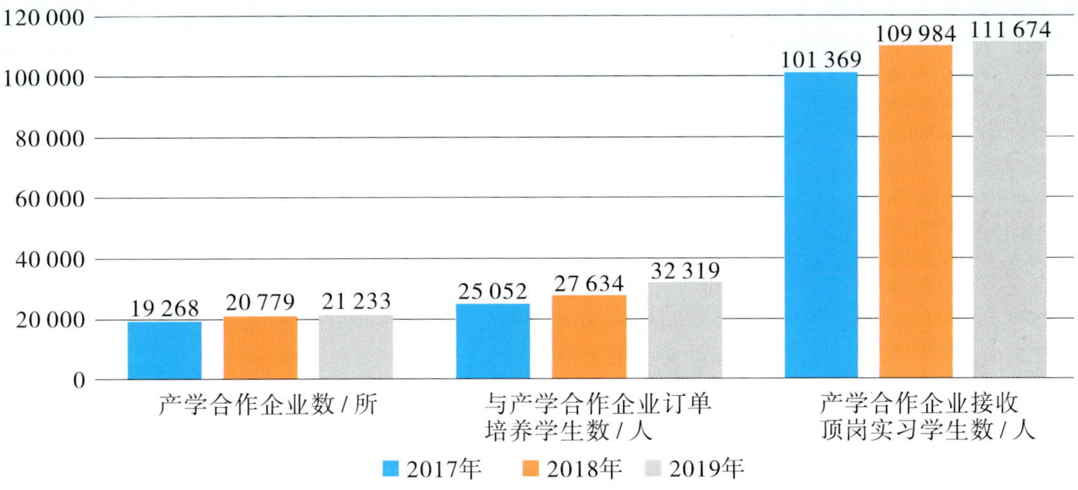

图 19　2017—2019 年广东省企业与高职院校合作育人情况

案例 23

八年“金活订单班”，校企携手共创联合育人新机制

广东食品药品职业学院与深圳金活医药有限公司密切合作，校企共同制定人才培养方案，以真实工作任务为载体开发专业课程及企业教学项目，组建“金活订单班”的教学团队，八年共培养 267 名同学，形成了课程体系改革、核心课程教学以及实训基地等教学资源的建设经验。

广东食品药品职业学院“金活订单班”

5.2.3 引进企业能工巧匠，提升实践教学能力

广东大力支持企业技术和管理人才到学校任教，鼓励有条件的地市探索实施产业教师（导师）特设岗位计划。建立职业院校教师与企业专业技术人员相互兼职的制度。如图 20 所示，2019 年，全省企业共有 21 127 名技术能手或能工巧匠到高职院校担任兼职教师，比 2018 年增加 3 547 人。兼职教师工作 10 年以上的有 12 612 人，占 59.7%；具有研究生学位的有 3 343 人，占 15.82%；具有高、中级专业技术职称的有 7 840 人，占 37.11%；具有高、中级职业资格证书的有 3 942 人，占 18.66%。2019 年，我省新增省级高层次技能型兼职教师 46 名。

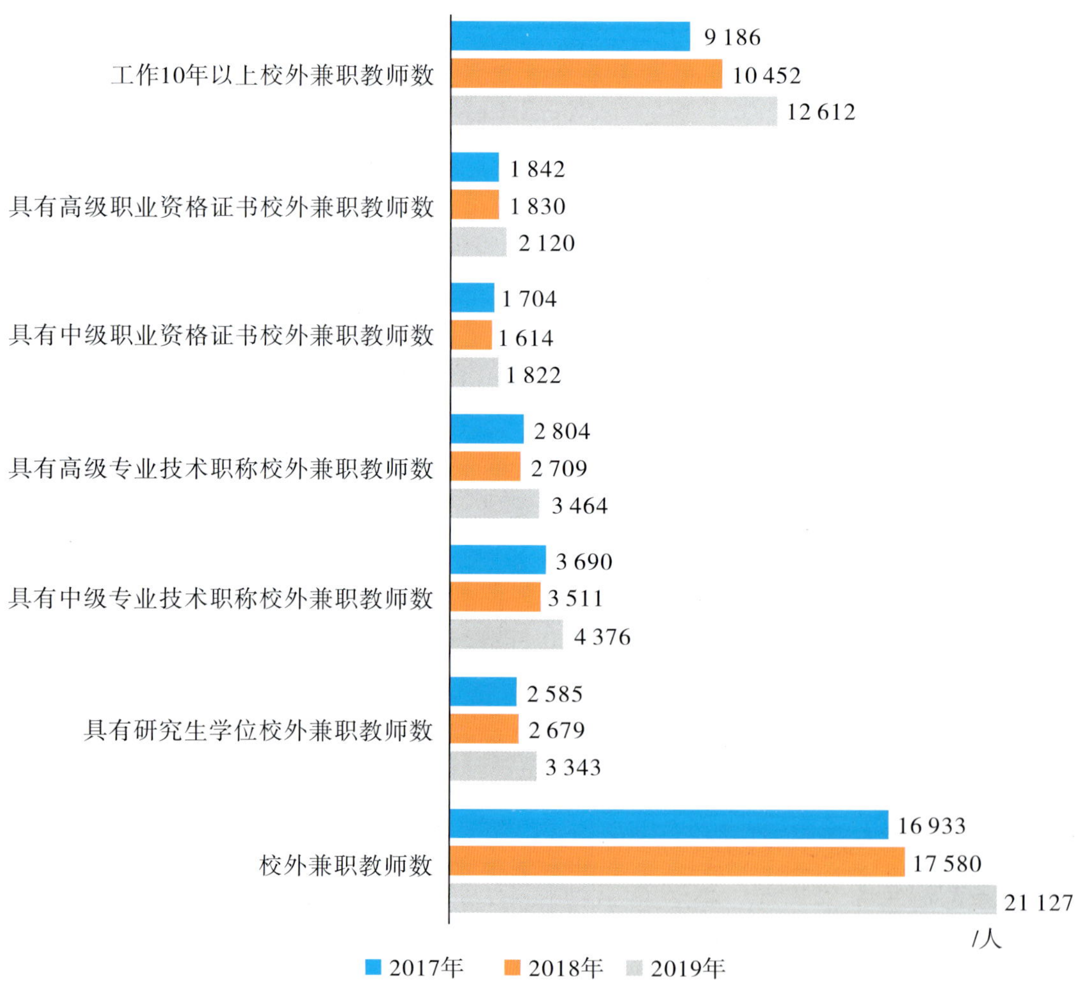

图 20　2017—2019 年广东省企业对高职院校人才支持情况

5.2.4 校企共建教学资源，精准对接岗位需求

校企共建课程资源是企业参与高等职业教育合作育人的重要方式，在对接产业、对接岗位的特色课程建设中发挥主体作用。如图 21 所示，2019 年，产学合作企业与高职院校共同开发课程 4 563 门，比 2018 年增加 9.11%；共同开发教材 2 310 种，比 2018 年增加 7.64%。

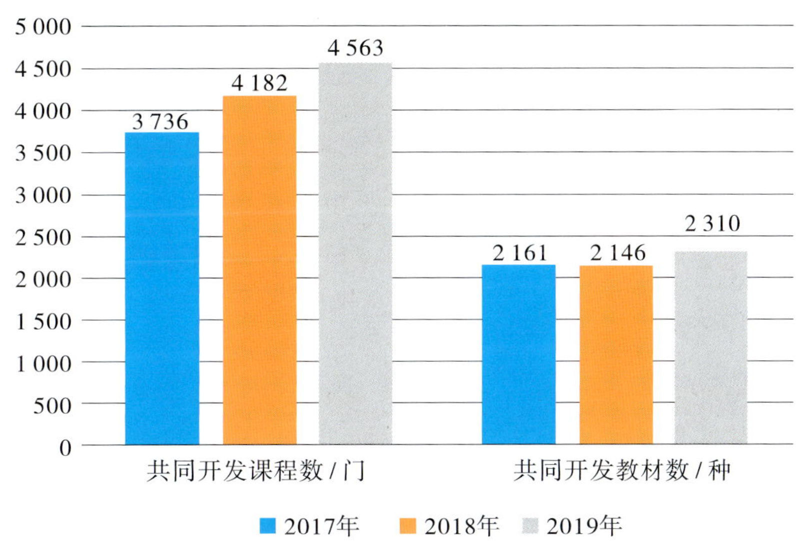

图 21　2017—2019 年广东省企业与高职院校合作开发课程、教材情况

5.3 推进产教协同创新

广东各高职院校主动把握创新驱动发展战略机遇，紧跟产业结构升级、产业发展需求和行业发展趋势，积极与地方政府、产业园区、行业企业合作，整合各方优势，搭建协同创新平台，实现互利共赢。

5.3.1 整合优势协同创新，推动技术应用与产业化

高职院校与行业企业积极合作，发挥各自优势，推动校企深度合作，推动技术推广应用与产业化。2019 年，新增省级应用技术协同创新中心 83 个，新增国家级应用技术协同创新中心 35 个。

案例 24

依托两大协同创新中心，全面服务粤港澳大湾区数字经济

广东科学技术职业学院软件技术专业群依托国家级软件工程应用技术协同创新中心、广东省移动互联网协同创新中心两大技术技能服务平台，对接粤港澳大湾区数字经济，学院联合华为、金山软件、百度等知名企业，面向行业应用软件、移动 APP、IT 服务外包等领域，校企协同开展技术研发、产品开发、技术服务。上述两个平台近三年获国家、省部级科研项目 7 项，承接政府机构、中小微企业各类技术研发项目 133 项，总经费达 1 278 万元。学院获得发明专利等知识产权 121 项，研发移动娱乐与教育、移动应用和移动智能终端类产品 188 款，提升企业生产效益 2 000 多万元。

广东省移动互联网协同创新中心

5.3.2 共享企业优质资源，提升高职办学实力

2019 年，通过职业教育集团、特色产业学院及产教融合实训基地等校企共建共享平台，企业在人力资源、资金、设备设施等方面不断加强投入，对改善高职院校办学条件、提升办学实力发挥了积极作用。如图 22 所示，2019 年，产学合作企业向学校捐赠设备总值 6 592.82 万元，比 2018 年增加 77.22%；为学生发放实习补贴的企业 14 690 个，比 2018 年增加 4.22%；企业提供校内实践教学设备总值 28 402.46 万元，比 2018 年增加 48.11%；产学合作企业向学校支付技术服务费 34 561.23 万元，比 2018 年增加 102.63%。

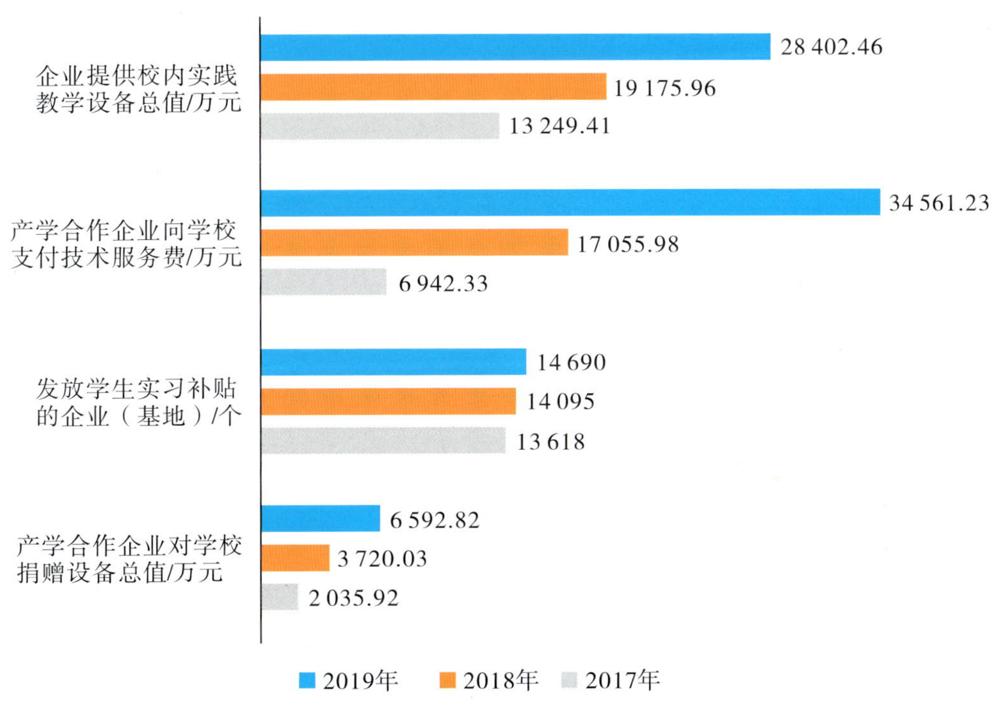

图 22 2017—2019 年广东省企业对高职院校的资金投入情况

案例 25

对接 C919 大飞机人才需求链，共建中国商飞教育培训基地

2019 年，广州民航职业技术学院与中国商飞公司签订《人才培养战略合作协议》，合作共建中国商飞教育培训基地。双方明确将在教师入厂培训、双方人才交流、教材编写、复合型技术技能人才培养等方面开展深度合作。目前已组建高质量工作团队，有效推动了“国产商用飞机进校园”项目及相关工作落地。

广州民航职业技术学院与中国商飞公司签署《人才培养战略合作协议》

5.3.3 科技成果落地转化，实现校企互利共赢

高职院校积极搭建产学研结合的技术应用开发、推广服务平台，主动面向行业企业开展应用技术服务、科技成果转化、技术转移。深圳信息职业技术学院组织了“非接触式外墙面层安全性检测技术与设备”等 29 项产学研科技成果参加第 21 届中国国际高新技术成果交易会，并有 8 项成果获“优秀产品奖”。2019 年，全省各高职院校技术服务到款额 35 016.54 万元，比 2018 年增长了 25.85%，技术服务产生的经济效益为 14.77 亿元，为企业高质量发展提供了强有力的技术支持（见图 23）。

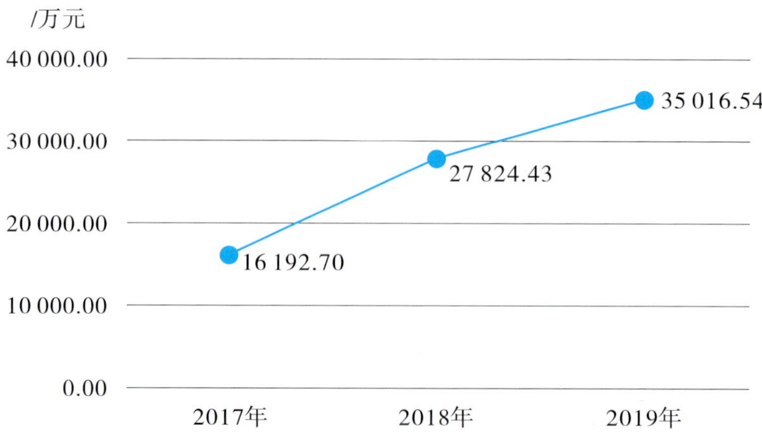

图 23　2017—2019 年广东省高职院校技术服务到款情况

案例 26

依托高水平专业群建平台，助推家居产业转型升级

顺德职业技术学院依托家具设计与制造高水平专业群组建了广东高校家具制造工程开发中心，联合业内优质企业研发力量，积极开展技术标准研制、新产品开发、技术咨询和技术服务等，助推家居产业转型升级。至今已主导或参与制订国家标准 5 项、行业标准 6 项、团体标准 5 项、联盟标准 1 项，填补了家具行业部分技术标准的空白；为企业开发新产品 80 多件，与企业合作开发的 19 款专利产品由企业转化为电商产品，销售额达 958 万元；授权专利 69 项；开展各类技术咨询与服务，累计为企业新增产值 1.05 亿元。

6 政府责任

6.1 政策保障

2019 年，广东各级政府深入贯彻习近平新时代中国特色社会主义思想和党的十九大精神，落实习近平总书记对广东的重要讲话和重要指示批示精神，全面贯彻落实全国教育大会精神和《国家职业教育改革实施方案》要求，围绕“1+1+9”工作部署，积极履行发展职业教育职责。

6.1.1 实施“扩容、提质、强服务”三年行动计划

省政府办公厅印发《广东省职业教育“扩容、提质、强服务”三年行动计划（2019—2021 年）》（粤府办〔2019〕4 号），推动提升人才培养质量，扩大高素质技术技能人才供给，增强服务经济社会发展能力，为广东实现“四个走在全国前列”、当好“两个重要窗口”提供人才支撑和智力支持。

6.1.2 精准施策，确保完成国家扩招百万任务

一是抓数量扩招，支撑经济高质量发展。省政府办公厅出台高职扩招通知，省财政投入 9 亿元用于高职扩学位，省职教城新增 2 万个高职学位。2019 年，全省高职预计报到数同比新增 12 万人以上，超额完成扩招任务。二是抓类别扩招，服务保民生促就业。帮助 1.4 万名基层幼儿园教师、1 万名基层医疗卫生机构在职员工、1.7 万名退役军人提升学历和技能，让 6 万名技能人才有机会实现素质升级；组织高职与 319 家企业合作开展现代学徒制试点，帮助 5 000 余名在职员工提升技能。三是抓质量扩招，扩容提质保值增效。以公办校、国家“双高计划”学校为代表的省级以上示范校录取数分别占扩招专项录取总数的 78% 和 44%，出台和实施高职专业学院试点、面向社会人员做好普通高等职业教育人才培养工作等方面的指导性文件，确保质量型扩招。四是抓对口扩招，助力脱贫攻坚。农村户籍在岗员工和社会人员录取数占第二期扩招专项录取总数的 52.2%，共 5.6 万人；深圳对口招收云南昭通建档立卡贫困生 1 453 人。

高职扩招学生不仅能与普通高校在校生同等享受国家和省资助政策，符合条件的农村从教幼儿园教师和退役士兵还可以另外享受退费或学费补偿政策，做到“不让一个学生因家庭经济困难而失学”。

案例 27

政校协同服务需求，圆满完成扩招任务

河源职业技术学院与中共河源市委组织部协同合作，借助高职扩招契机，以“现代学徒制”专项扩招为河源乡村振兴战略培养一支高素质的“三农”工作队伍。学校党委专门研究，降低“现代学徒制”专项扩招学费标准，市委组织部协调市、县财政，确定由财政承担减免后的全部学费。学校精心组织第二批高职扩招专项行动招生考试，制定详细招生考试方案。农村干部参加“现代学徒制”专项扩招参考率为 95%，符合条件报考的农村干部 654 人，经过考试最终录取 552 人，超额完成下达的招生计划。

6.1.3 深入实施“创新强校工程”，推动分类发展

广东省教育厅组织开展 2019 年度“创新强校工程”考核，发布《关于组织开展高等职业教育“创新强校工程”（2019—2021 年）建设工作的通知》（粤教职函〔2019〕134 号），印发《高等职业教育“创新强校工程”（2019—2021 年）考核指标》，组织全省高职院校在总结经验的基础上，结合本校实际有所取舍，坚持“有所为有所不为”，突出重点，全面对接国家和省提出的各项建设任务，统筹推进落实。

6.1.4 实施一流高职帮扶计划，解决不平衡问题

围绕省委、省政府振兴粤东西北地区的战略部署，广东省教育厅发布《关于实施一流高职院校结对帮扶计划的通知》，拟 2020 年安排 4 500 万元支持 19 所高水平高职院校结对帮扶 18 所经济欠发达地区高职院校，着力解决我省高等职业教育发展不平衡问题。

6.2 经费投入

为确保广东省“扩容、提质、强服务”三年行动计划顺利实施，各级财政加大投入，全面落实高职院校生均拨款制度；同时要求用款单位严格按照专项资金管理办法

等相关政策要求使用资金，加强绩效目标监控和绩效评价，接受财政监察监督，确保年度绩效目标如期实现。

6.2.1 扩容提质加大投入

省财政对省属公办高职院校新增学位给予综合补助，采用综合补助资金置换学费等方式，推动省属公办高职院校加快基本建设项目建设、改善办学条件。2019 年累计安排省级以上财政专项资金约 10 亿元用于高职扩学位，其中省级财政投入 9 亿元。从 2019 年起，将省属高职院校生均拨款标准从 7 000 元提高到 10 000 元，增幅达 43%，增强省属高职院校经费统筹能力。省级以上财政按每生 2 000 元的标准对实施扩招专项的高职给予奖补，共安排奖补资金 2.3 亿元。

6.2.2 保障成效显著提升

与产教融合相关的指标，如“企业提供的校内实践教学设备值”“年生均校外实训基地实习时间”“生均企业实习经费补贴”等，增幅分别是 48.11%、118.53% 和 44.77%；全省的“年生均财政拨款水平”指标上升明显，从 2018 年的 16 481.21 元上升至 19 190.28 元，远高于国家规定生均拨款基本标准 1.2 万元。

7 国际合作

7.1 培养培训

广东高职院校深入推进国际化人才培养培训，留学生培养规模明显增长、本土国际化人才培养成效显著、国（境）外人员培训量逐年递增。

7.1.1 留学生来源广，规模明显增加

2019 年，广东高职院校留学生规模与数量明显增加，来源国家分布更广，就读专业更加多样。从专业看，从以语言学习、文化交流为主向先进制造业、战略性新兴产业和现代服务业转变，尤其是伴随着我国高铁走出国门，一流企业走出国门，轨道交通、机械制造与自动化专业受到了留学生的极大欢迎，充分彰显“中国制造”在世界的影响力。

案例 28

多渠道吸引留学生，中国职教品牌积极走出去

广东工贸职业技术学院与中国有色矿业集团合作，招收合作企业境外员工来华留学生 34 名，就读机械制造与自动化专业，培养高素质国际技能型人才；广东交通职业技术学院 2017 年起连续 3 年共招收马来西亚 SLC 学院留学生 54 人，定向培养汽车检测新技术方向专业人才；广东轻工职业技术学院国际经济与贸易、酒店管理两个专业的 31 名留学生来自立陶宛等 17 个国家；广州铁路职业技术学院依托自身轨道交通智慧运维技术技能人才培养优势，与马来西亚知名大学、企业合作，在马来西亚建立轨道交通职业教育培训基地，招收 11 名留学生就读铁道机车专业；深圳职业技术学院 2018—2019 学年招收的 226 名留学生分别来自 43 个国家。

广东工贸职业技术学院首届留学生语言班结业典礼

7.1.2 合作项目多样，拓宽学生视野

广东高职院校携手国外知名大学，积极开展联合办学、学生互换、海外实习、短期游学等形式多样、内容丰富的合作办学项目，本土国际化人才培养成效显著。广东岭南职业技术学院与韩国新罗大学“联合培养”时装设计与商务等 4 个专业的学生，2019 年其中 3 个专业的 26 名学生前往韩国新罗大学完成最后一年相关专业课程的学习；广东科学技术职业学院联合德国知名高校德累斯顿工业大学共同开设“中德实验班”，全面按照德国 IHK 职业标准开展教学，力求培养一批国际化精英学生。

7.1.3 培训海外人员，扩大影响力

广东高职院校依托优势专业与资源，全力服务国家“一带一路”倡议，积极开展海外人员技术培训，向世界展示中国技术、经验、文化和中国职教魅力。2019 年，广东高职院校开展国（境）外人员培训达 39.65 万人日，国（境）外人员培训量逐年递增（见图 24）。

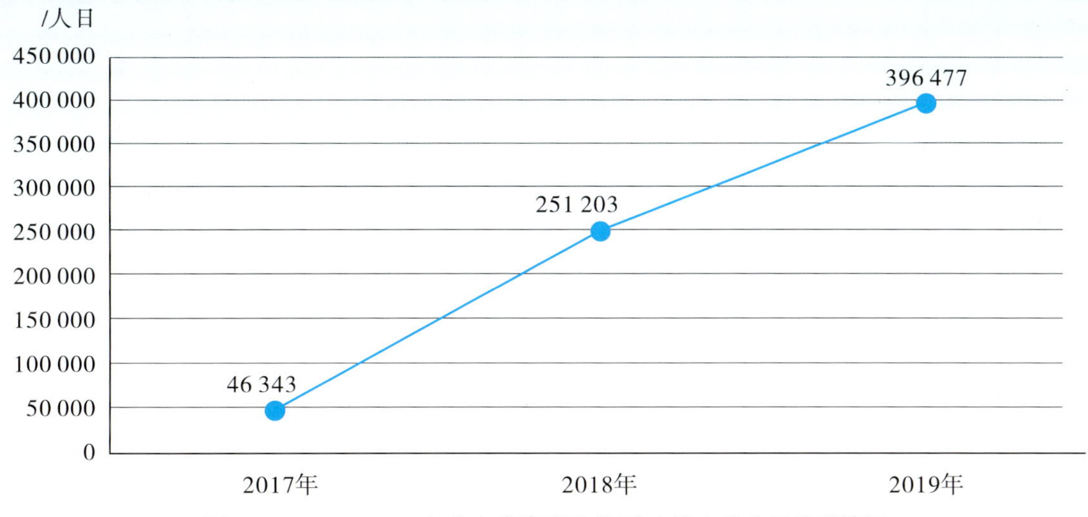

图 24 2017—2019 年广东省高职院校国（境）外人员培训情况

7.2 资源建设

广东高职院校通过携手国（境）外机构共建合作平台、在国外搭建教学基地等做法，进一步建立健全有利于国际合作的体制机制。在此基础上，共建教育资源，提高优质职教资源的供给能力，专业课程标准输出数量有了大幅提升。

7.2.1 拓宽领域，共建综合平台

全力支持和推动省内高职院校携手国（境）外机构共建合作平台，协同开展关键性技术研发、国际化技术人才培养与培训，提升中国职教国际辐射能力。如深圳职业技术学院与德国巴登符腾堡“双元制”应用技术大学共建职业教育培训中心，实现了职业教育教学走向发达国家。学校还是联合国教科文组织国际职教全球联系中心之一，并获批成立联合国教科文组织职业教育计划亚非研究与培训中心、联合国教科文组织教育创新中心。广东食品药品职业学院搭建跨国（境）产学研用一体化发展平台，得到政府资助的在研跨国实施的产学研用一体化科研项目达到 3 个。

7.2.2 境外办学，设立教育基地

广东高职院校积极主动设立海外基地，推动合作办学，进一步增强国际影响、服务企业走出去，尤其是培养“一带一路”沿线国家产业需求的技术技能人才。如广东机电职业技术学院在泰国设立安美德教育城（职业技能培训中心），在吉布提共建“国际自贸区职业教育培训学院”，开展职业技能培训满足当地企业的人才需求和地方经济发展需求；广东水利电力职业技术学院分别在印度尼西亚、柬埔寨成立了职业教

育培训中心，在老挝成立了老挝鲁班学院。

7.2.3 合作共建，扩大优质资源

高职院校积极创新思路，开拓渠道，引进国际先进课程体系、职业标准等优质职教资源，提升国际化人才培养能力。如法国克莱蒙商学院第一个海外校区落户广东科学技术职业学院，为学生提供高质量的前沿课程体系及教学；广东轻工职业技术学院通过中外合作办学项目累计引进国际课程标准 45 门；广州番禺职业技术学院与加拿大北大西洋学院合作举办机械制造与自动化专业高等专科教育项目，引进并优化了机械制造与自动化专业人才培养方案、教学内容及教学模式；东莞职业技术学院与加拿大的不列颠哥伦比亚理工学院（简称 BCIT）合作举办计算机应用技术专业专科学历教育项目，引入 BCIT D2L 教学系统辅助教学。

案例 29

粤德合作，推动德国标准本土化

珠海城市职业技术学院与德国工商大会（简称 AHK）上海办事处联合建设粤德合作珠海职业教育与培训中心，成立“粤德合作珠海职业教育培训基地”，引进国际先进、适用的职业标准、课程体系和其他优质教育资源，联合德资企业爱普科思开展三个年级的德国工业机械工标准本土化与“双元制”人才培养。基地于 2019 年完成了首届德国 AHK 工业机械工毕业终期考试，2016 级 22 名同学获得德国工业机械工 AHK 职业资格证书。

珠海城市职业技术学院首届德国 AHK 工业机械工毕业终期考试

7.2.4 研制标准，获得国际认可

高职院校通过走出去办学，结合当地需求开展职业教育培训等，促进广东的职业教育教学标准走向世界。2019 年开发并被国（境）外采用的专业教学标准、课程标准数较往年有了较大的提升（见图 25）。

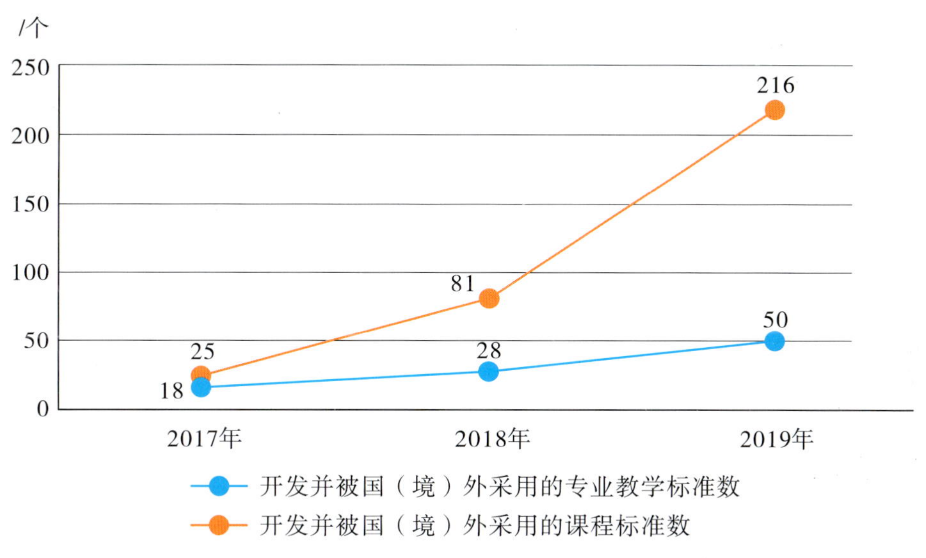

图 25 2017—2019 年广东省高职院校标准输出情况

7.3 文化交流

7.3.1 参加国际活动，促进文化交融

高职院校师生以各种文化活动为载体，积极主动置身国际文化交流，开展文明对话，在世界舞台展示中华优秀传统文化。广东省外语艺术职业学院五燕艺术团应西班牙萨拉曼卡市政府邀请参加西班牙中国年活动，将学校自主创作的大型文艺活动《热土》、舞龙舞狮、传统剪纸等带出国门，向世界传播岭南文化和广府文化；广东文艺职业学院师生开展“东方色——广东文艺职业学院‘幸幅’作品赴欧巡展”活动，向世界展现了中国传统文化之服饰美、器物美、工艺美、材质美。

7.3.2 教师走出国门，开展国际对话

广东为高职院校教师走出国界，拓宽国际视野创造了良好环境与条件，坚持每年选派优秀专业教师与管理人员赴国（境）外研修。各高职院校也积极推动教师走出国

门，赴国（境）外开展培训时间近年大幅增长（见图 26），在国（境）外专业性组织担任职务的专任教师人数较 2018 年增长了 60.90%（见图 27）。深圳职业技术学院参与世界职业院校和技术大学联盟（WFCP）活动，并在大会做主题发言。顺德职业技术学院受邀参加在德国柏林举行的中德职教创新对话论坛，并做专题发言。

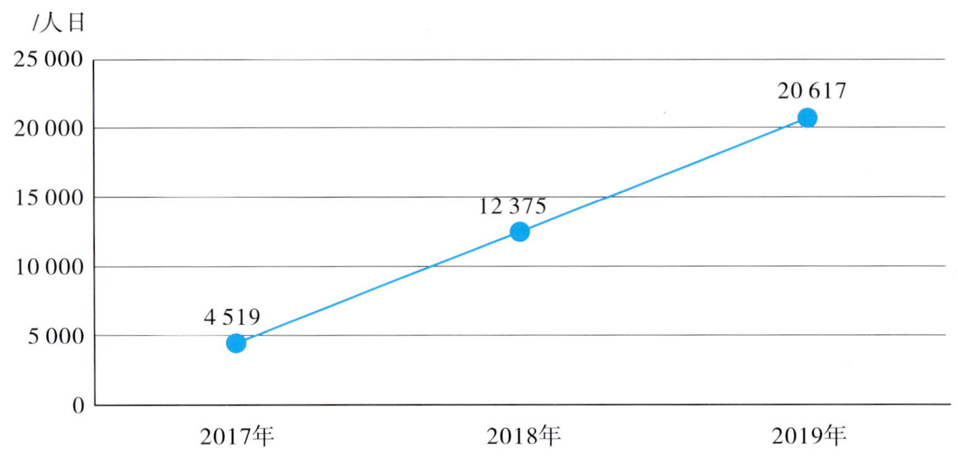

图 26　2017—2019 年广东省高职院校教师国（境）外开展培训情况

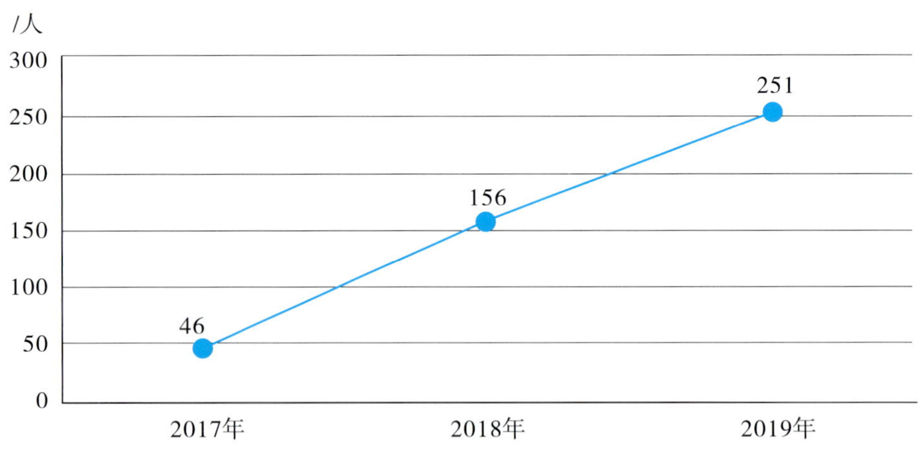

图 27　2017—2019 年广东省高职院校教师国（境）外担任职务情况

案例 30

教师走出去，为“一带一路”沿线国家培养人才

广东职业技术学院先后派出 13 位教师赴越南百宏纺织应用技术学院对 100 名企业人员进行了培训。学校派出 4 名教学名师担任越南百宏纺织应用技术学院教授等。深圳职业技术学院先后派出多名专业教师赴马来西亚、保加利亚等国家开展“LTE 移动网络系统”“5G 移动通信”和“华为认证—路由与交换”等课程的培训与授课。广州铁路职业技术学院应埃塞俄比亚—吉布提标准轨铁路股份公司邀请，选派了 3 位教师开展“2019 埃塞俄比亚—吉布提标准轨供电 & 信号”等项目的援外培训工作。

广州铁路职业技术学院援非培训教师与当地企业员工大合照

7.3.4 参与国际竞技，扩大职教影响

广东高职院校积极参与或承办国际专业技能竞赛，扩大中国职教国际影响。2019 年，学生在各类国（境）外技能大赛获奖 134 项，奖项数量逐年提升（见图 28）。如广东体育职业技术学院 10 名学生在“2018WDC/WDC-AL 世界杯”国际标准舞（体育舞蹈）锦标赛中获冠军、亚军、季军，进入世界前六名 6 人次；中山职业技术学院在“2019‘一带一路’暨金砖国家技能发展与技术创新大赛”等国际技能竞赛中获 13 个奖项，其中一等奖 5 项；顺德职业技术学院学生在澳大利亚 TAFE 市场营销国际竞赛中获金奖和银奖各 1 项。

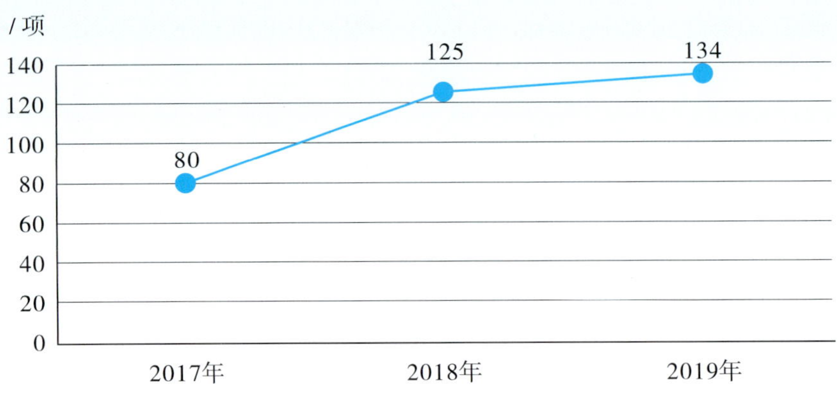

图 28　2017—2019 年广东省高职院校学生国（境）外技能大赛获奖情况

案例 31

承办国际厨艺大赛，推动粤菜师傅走向世界

2019 年 11 月 3 日，广东科贸职业学院承办了首届“清远杯”国际粤菜厨艺大赛暨 2019 世界粤菜厨皇大赛中国区总决赛。来自中国、美国、加拿大、法国、澳大利亚、瑞士等 14 个国家 50 多个地区的 150 多位粤菜精英选手参加了此次大赛，多国驻穗总领馆官员专程到现场观赛。大赛对于推动粤菜师傅走向世界有着重要影响。

首届“清远杯”国际粤菜厨艺大赛暨 2019 世界粤菜厨皇大赛中国区总决赛

8 服务贡献

8.1 服务地方发展

近年来，广东高职院校服务本地经济社会发展的能力不断提升，每年提供大量高技术技能人才，技术服务、职业培训等多项指标持续大幅提升。

8.1.1 招生就业：本地化趋势明显

2018—2019 年度广东省全日制高职广东省内招生录取并实际报到的学生数占比 90.41%。截至 2019 年 9 月 1 日，全省高职院校应届毕业生就业人数 24.14 万人，其中留在当地就业 13.77 万人，占比 57.06%，雇主满意度为 96.42%。高职教育人才供给与区域经济社会发展需求之间的良性互动，彰显高职教育支撑区域经济社会发展的能力和魅力。

8.1.2 技术服务：能力水平双提升

广东高职院校技术服务的能力和水平较往年有明显提升。如“2.4.2 服务发展能力提升快”中的图 7 所示多项技术服务能力指标增长迅速。例如，广东南华工商职业学院师生为广东省职工保障互助会开发 18 个信息系统，培训 1 000 多人次，把省总工会的关心和温暖及时送达千家万户。广东职业技术学院轻化工程系创新团队为江门市恩平市政府起草了纺织环保相关文件、为广东省工业和信息化厅起草编制了《广东省培育纺织服装产业集群行动计划（2019—2025 年）（征求意见稿）》等。

案例 32

深职院被广东省社科联授牌为省级决策咨询研究基地

深圳职业技术学院组建的现代产业与中小企业创新发展研究中心（以下简称“研究中心”）被广东省社科联授牌为省级决策咨询研究基地，这是深圳唯一一家省级决策咨询研究基地。研究中心承办了省社科联大型培训活动《智库人才学习贯彻习近平新时代中国特色社会主义思想培训》，积极开展各项决策咨询研究工作，先后向省、市、区级党政部门提交了《中美贸易摩擦新特点与广东省应对策略》《深圳工业企业增长情况分析与应对策略研究》《南山区智库发展现状与发展策略研究》等研究成果并获得认可。

现代产业与中小企业创新发展研究中心揭牌仪式

8.1.3 职业培训：多项指标创新高

各高职院校面向城乡各类劳动者持续开展高质量技术技能培训，积极开拓面向退役军人、新型职业农民的培训业务，2019 年，全省高职院校非学历培训服务 618.53 万人日，培训到款额 62 975.95 万元，比 2018 年分别增长 20.36%、30.99%。其中，对退役军人、新型职业农民的培训增长迅猛，2019 年退役军人培训量比 2018 年增长了一倍，新型职业农民培训量比 2018 年增长近六成。

8.2 服务双区建设

2019 年，高职院校深入贯彻落实国家《粤港澳大湾区发展规划纲要》《关于支持深圳建设中国特色社会主义先行示范区的意见》精神，深入开展粤港澳大湾区合作与交流，推动深圳先行示范区建设。

8.2.1 推动深圳先行示范区建设

广东全面贯彻落实习近平总书记对深圳市"朝着建设中国特色社会主义先行示范区的方向前行，努力创建社会主义现代化强国的城市范例"的重要批示精神，一是大力支持深圳职业技术学院与香港职业训练局共商共建"大湾区特色职教园区"，二是大力推动深圳职业教育高质量发展，先行示范、当好标杆。2019 年 11 月 26—27 日，推进全国职业教育高质量发展现场会在深圳举行，总结交流了各地各校加快发展现代职业教育的经验做法。

全国职业教育高质量发展现场会

8.2.2 组建粤港澳职业教育交流机构

为贯彻落实国家《粤港澳大湾区发展规划纲要》，广东高职院校已牵头组建粤港澳大湾区职业教育产教联盟、粤港澳大湾区教师发展联盟、粤港澳数字创意职业教育产教联盟、粤港澳大湾区体育教育与发展联盟、粤港澳大湾区职业教育研究中心、大湾区旅游职业联盟等交流机构，通过深化与澳门、香港各产业、行业的合作，切实服务于大湾区产业建设，为实现"粤港澳协同发展，打造我国世界级一流城市群"国家宏伟目标贡献力量。

案例 33

粤港澳大湾区产业发展研究中心助推区域经济发展

广东轻工职业技术学院为响应国家粤港澳大湾区建设规划，于 2018 年 11 月发起并成立粤港澳大湾区产业发展研究中心。中心成立以来，紧扣粤港澳大湾区产业发展前沿问题，开展省市级产业发展相关科研项目近 20 项。研究中心将继续充分发挥服务区域经济的积极作用，把中心建设成为粤港澳大湾区一流产业发展研究智库。

粤港澳大湾区产业发展研究中心成立仪式

8.2.3 促进粤港澳大湾区项目建设

2019 年 6 月，广东省教育厅与香港特区政府教育局、澳门特区政府教育暨青年局、澳门高等教育局分别签订《粤港资历框架合作意向书》《粤澳教育培训及人才交流合作意向书》，标志着粤港澳三方教育官方合作进入新的阶段。三方将以粤港澳资历框架合作为契机，不断拓展粤港澳大湾区教育交流合作的广度和深度，探讨协同发展的体制机制和共建共享平台，实现各级各类教育衔接沟通和湾区人才有序流动，提升粤港澳大湾区教育发展水平。

签订《粤港资历框架合作意向书》和《粤澳教育培训及人才交流合作意向书》

案例 34

澳门传媒融媒中心落户广科，校企共促珠澳企业发展

广东科学技术职业学院与澳门传媒集团签订全面战略合作协议，共建“澳门传媒广科融媒体中心”，将集团“平面媒体、户外媒体、线上媒体、戏曲表演、出版发行”等部分业务转移至广东科学技术职业学院珠海校区内，实现产、学、研相结合。学校与澳门传媒集团旗下的粤剧粤曲演艺中心和濠江卫视共建“叶幼琪粤剧粤曲大师工作室”，开展了“岭南风华：粤剧‘世遗’十周年纪念”活动，推动非遗文化在珠澳两地的传承传播。

澳门传媒广科融媒中心挂牌仪式

8.3 服务国家战略

广东高职院校继续发挥专业优势、技术优势和地缘优势，服务国家乡村振兴和精准扶贫战略，为推进农业的全面升级、农村的全面进步、农民的全面发展提供人才保障、智力支持和技术支撑。

8.3.1 脱贫攻坚：扶贫凸显广东特色

广东高职院校深入贯彻落实省委、省政府《关于新时期精准扶贫精准脱贫三年攻坚的实施意见》、省扶贫开发办公室《广东省东西部扶贫协作三年行动方案（2018—2020年）》等文件精神，扎实推进广东省精准扶贫精准脱贫、桂川滇黔4省（区）东西部扶贫协作等职业教育对口帮扶工作，全省共有13所省属、数十所市属高职院校开展定点帮扶贫困村，近百名扶贫干部扎根贫困村，数万名师生精心设计扶贫实践活动，将课堂所学转变成发展所需，用专业知识解决现实问题，切实解决贫困村群众的操心事、烦心事，掀起了高职院校“青春扶贫风暴”。

案例 35

不忘初心跟党走，扎根基层献青春

佛山职业技术学院工商企业管理专业2018届毕业生林常威，是一名中共党员、退伍军人，大学毕业后成为广东省高州市根子镇高科村的村官，现任高科村党委副书记。任职以来积极参与村两委组织建设，全心全意为人民群众服务，获得2018年茂名市优秀“侯任村（社区）干部”称号，先后被《人民日报》和茂名广播电视台采访。他尊重老人，任劳任怨，是很多村民眼中孝老敬亲的模范。2018年获高州市“最美家庭”称号，入选2018年“广东好人”提名。

林常威在高科村自采摘式石榴基地现场

8.3.2 乡村振兴：扶智脱贫助发展

广东高职院校以“粤菜师傅”工程为抓手，促进城乡发展，走出一条职业院校服务乡村振兴“风味之路”。一是16所学校粤菜类专业点近两年增加60%，在校生超过2.5万人，每年开展粤菜师傅培训服务4 000多人。二是以“广东省新型职业农民培训基地”为依托，培养了5 000多名新型职业农民和农业职业经理人。三是以科技特派员的方式，为农业提供技术服务。例如，广东农工商职业技术学院李秀平博士带领的科技特派员团队专注于高产高糖甘蔗的品种选育和先进种植技术推广，2019年帮助广垦糖业集团公司提高甘蔗含糖量5.05%，节省人工成本2 625万元，产生直接经济效益9 589万元。

案例36

建设林下经济技术扶贫团队，助力农林企业技术创新

广东生态工程职业学院农业生物技术专业教学团队成立了“百师千生科技下乡”工程专家团队——林下经济植物繁育及种植专家服务团队，是广州市乡村振兴“百团千人科技下乡”工程专家团队之一，为广东林下经济植物、中药材等植物种苗提供繁育及栽培技术。其中专业教师团队与阳山县三连阳生态农林开发有限公司开展深度合作，在秤架林场成功研发铁皮石斛仿野生栽培技术，解决该名贵中药材的人工种植问题，为企业带来巨大的经济效益。

阳山秤架林场林下经济铁皮石斛仿野生栽培基地

案例 37

一人学厨，全家脱贫

顺德职业技术学院充分利用广东顺德中国厨师之乡、世界美食之都的优势，成立顺德厨师学院，实施“粤菜师傅工程”，以“一人学厨，全家脱贫”为宗旨，探索“名校联名店，名店出名厨，名厨带名徒，名徒成名厨，名厨走向世界”（简称“四名工程”）教育扶贫顺德模式，通过技能培训、工学交替、送教上门等形式，东西部扶贫协作，累计面向贫困地区开展精准扶贫厨师培训班 35 批次，共培训人员 2 062 人、19 270 人日。

顺德名厨为凉山学员传授厨艺

9 应对挑战

9.1 《国家职业教育改革实施方案》要求职教全面改革

9.1.1 挑战：新时期高等职业教育要全面改革创新

《国家职业教育改革实施方案》的颁布及1+X证书制度试点、中国特色高水平高职学校和专业建设计划、产教融合型企业等项目的实施，对高等职业教育的格局产生了重大的影响，对高职院校的全面改革创新提出了新的要求。

9.1.2 对策：坚定不移地提升人才培养质量和服务能力

一是以深入组织实施《广东省职业教育“扩容、提质、强服务”三年行动计划（2019—2021年）》为主要抓手，推动高职院校提升人才培养质量，扩大高素质技术技能人才供给，增强服务经济社会发展能力。二是深入实施高水平高职院校和专业建设计划、一流高职院校帮扶粤东西北高职院校计划，持续增加优质高等职业教育资源供给。三是服务“双区驱动”战略，促进教育链、人才链与产业链、创新链有机衔接，适应粤港澳大湾区建设和深圳建设中国特色社会主义先行示范区的需要，培养适应经济全球化和具有国际视野的高端技术技能人才。

9.2 “扩招百万”需确保人才培养质量

9.2.1 挑战：高职扩招后对质量提出了紧迫的要求

扩招后，相当部分学校办学条件将达不到国家标准，高职院校超负荷运转，今后的扩招甚至是维持现有招生规模压力都非常大。二期高职扩招专项行动招生对象主要为社会人员，将成为当前高职院校面临的最大问题。

9.2.2 对策：狠抓扩招后高职教育质量保证工作

贯彻落实《关于做好扩招后高职教育教学管理工作的指导意见》（教职成厅函〔2019〕20号）和《广东教育厅关于组织高职院校面向社会人员做好普通高等职业教育人才培养工作的通知》（粤教职函〔2019〕137号），组织高职院校将高职扩招学生教育教学管理作为学校“一把手”工程，采取有力措施，加强教育教学管理，确保质量型扩招。一是加强监督管理。组织制定针对不同类型生源的人才培养方案，因材施教，对学校人才培养方案制定和实施情况开展抽查和质量评价，规范教学管理。二是加强专题研究。设立省级教改项目，支持学校研究探索适合社会人员的培养模式；开展教学比赛、教研活动等，促进经验交流。三是加强条件保障。全面落实生均拨款，加大财政投入，简化基建项目审批程序，支持学校加快重点项目建设，改善办学条件，落实基本教学条件。强化教师队伍建设，加快引进专任教师、聘请兼职教师，全面落实教师到企业实践和轮训制度，促进教师专业发展。

附　表①

附表 1　计分卡

院校代码	院校名称	指标		单位	2018 年	2019 年
		1	就业率	%	94.56	96.12
		2	月收入	元	3 362.00	3 672.00
		3	理工农医类专业相关度	%	71.63	72.44
		4	母校满意度	%	93.99	94.32
		5	自主创业比例	%	0.35	0.31
		6	雇主满意度	%	95.17	96.42
		7	毕业三年职位晋升比例	%	49.83	46.73

① 附表 1、附表 3、附表 4、附表 5、附表 6 的数据来源于高等职业院校人才培养工作状态数据采集与管理系统、2018 年和 2019 年广东省高校毕业生就业质量报告或通过学校相关数据统计得出。附表 2 的数据根据广东省高等职业院校在校生情况调研数据统计得出。

附表 2　学生反馈表

院校代码	院校名称	指　标			单位	一年级	二年级
		1	全日制在校生人数		人	306 279	267 436
		2	教书育人满意度		—	—	—
			（1）课堂育人	调研人次	人次	242 369	194 919
				满意度	%	90.81	88.90
			（2）课外育人	调研人次	人次	249 674	200 656
				满意度	%	90.59	87.06
		3	课程教学满意度		—	—	—
			（1）思想政治课	调研课次	课次	174 081	127 790
				满意度	%	90.75	89.37
			（2）公共基础课（不含思想政治课）	调研课次	课次	203 784	139 986
				满意度	%	91.93	89.84
			（3）专业课教学	调研课次	课次	274 934	284 198
				满意度	%	93.80	92.26
		4	管理和服务工作满意度		—	—	—
			（1）学生工作	调研人次	人次	298 018	229 400
				满意度	%	91.77	87.78
			（2）教学管理	调研人次	人次	300 969	240 088
				满意度	%	91.45	90.14
			（3）后勤服务	调研人次	人次	269 974	212 957
				满意度	%	72.29	70.54
		5	学生参与志愿者活动时间		人日	744 825	1 237 374
		6	学生社团参与度		—	—	—
			（1）	学生社团数	个	4 371	4 402
				其中：科技社团数	个	1 064	956
			（2）	参与各社团的学生人数	人	232 300	151 689
				其中：科技社团学生人数	人	44 916	31 034

附表 3　资源表

<table>
<tr><th>院校代码</th><th>院校名称</th><th colspan="3">指　标</th><th>单位</th><th>2018 年</th><th>2019 年</th></tr>
<tr><td rowspan="11"></td><td rowspan="11"></td><td>1</td><td colspan="2">生师比</td><td>—</td><td>15.54</td><td>16.11</td></tr>
<tr><td>2</td><td colspan="2">“双师”素质专任教师比例</td><td>%</td><td>58.74</td><td>65.20</td></tr>
<tr><td>3</td><td colspan="2">高级专业技术职务专任教师比例</td><td>%</td><td>26.88</td><td>29.25</td></tr>
<tr><td>4</td><td colspan="2">生均教学科研仪器设备值</td><td>元 / 生</td><td>12 678.77</td><td>11 646.15</td></tr>
<tr><td>5</td><td colspan="2">生均教学及辅助、行政办公用房面积</td><td>m^2/ 生</td><td>17.96</td><td>15.48</td></tr>
<tr><td>6</td><td colspan="2">生均校内实践教学工位数</td><td>个 / 生</td><td>0.80</td><td>0.71</td></tr>
<tr><td>7</td><td colspan="2">地市级以上科技平台数</td><td>个</td><td>233</td><td>385</td></tr>
<tr><td rowspan="3">8</td><td colspan="2">教学计划内课程总数</td><td>门</td><td>66 292</td><td>71 966</td></tr>
<tr><td rowspan="2">其中：</td><td>线上开设课程数</td><td>门</td><td>10 859</td><td>15 039</td></tr>
<tr><td>线上课程课均学生数</td><td>人</td><td>479.49</td><td>363.32</td></tr>
<tr><td colspan="6">学校类别（单选）：综合、师范、民族院校（　　）
工科、农、林院校（　　）
医学院校（　　）
语文、财经、政法院校（　　）
体育院校（　　）
艺术院校（　　）</td></tr>
</table>

附表 4　国际影响表

院校代码	院校名称	指标		单位	2018 年	2019 年
		1	国（境）外人员培训量	人日	251 203	396 477
		2	在校生服务“走出去”企业国（境）外实习时间	人日	177 841	62 344
		3	专任教师赴国（境）外指导和开展培训时间	人日	12 375	20 617
		4	在国（境）外专业性组织担任职务的专任教师人数	人	156	251
		5	开发并被国（境）外采用的专业教学标准数	个	28	50
		6	开发并被国（境）外采用的课程标准数	个	81	216
			国（境）外技能大赛获奖数量	项	125	134
		7	国（境）外办学点数量	个	15	19

附表 5　服务贡献表

<table>
<tr><th>院校代码</th><th>院校名称</th><th colspan="3">指　标</th><th>单位</th><th>2018 年</th><th>2019 年</th></tr>
<tr><td rowspan="18"></td><td rowspan="18"></td><td rowspan="8">1</td><td colspan="2">全日制在校生人数</td><td>人</td><td>759 085</td><td>802 195</td></tr>
<tr><td colspan="2">毕业生人数</td><td>人</td><td>252 026</td><td>251 108</td></tr>
<tr><td colspan="2">毕业生就业人数</td><td>人</td><td>238 198</td><td>241 365</td></tr>
<tr><td colspan="2">毕业生就业去向</td><td>—</td><td>—</td><td>—</td></tr>
<tr><td colspan="2">A 类：留在当地就业人数</td><td>人</td><td>142 982</td><td>137 718</td></tr>
<tr><td colspan="2">B 类：到西部地区和东北地区就业人数</td><td>人</td><td>14 175</td><td>1 507</td></tr>
<tr><td colspan="2">C 类：到中小微企业等基层服务人数</td><td>人</td><td>181 265</td><td>180 992</td></tr>
<tr><td colspan="2">D 类：到 500 强企业就业人数</td><td>人</td><td>10 682</td><td>11 987</td></tr>
<tr><td rowspan="2">2</td><td colspan="2">技术服务到款额</td><td>万元</td><td>27 824.43</td><td>35 016.54</td></tr>
<tr><td colspan="2">技术服务产生的经济效益</td><td>万元</td><td>43 157.33</td><td>147 650.89</td></tr>
<tr><td>3</td><td colspan="2">纵向科研经费到款额</td><td>万元</td><td>21 287.38</td><td>32 452.55</td></tr>
<tr><td>4</td><td colspan="2">技术交易到款额</td><td>万元</td><td>3 931.22</td><td>5 390.82</td></tr>
<tr><td rowspan="5">5</td><td colspan="2">非学历培训服务</td><td>人日</td><td>5 138 708.90</td><td>6 185 309.00</td></tr>
<tr><td rowspan="4">其中：</td><td>技术技能培训服务</td><td>人日</td><td>1 559 889.50</td><td>1 896 854.00</td></tr>
<tr><td>新型职业农民培训服务</td><td>人日</td><td>69 435.00</td><td>108 675.00</td></tr>
<tr><td>退役军人培训服务</td><td>人日</td><td>20 449.00</td><td>41 758.00</td></tr>
<tr><td>基层社会服务人员培训服务</td><td>人日</td><td>1 538 036.00</td><td>2 107 676.00</td></tr>
<tr><td>6</td><td colspan="2">非学历培训到款额</td><td>万元</td><td>48 079.80</td><td>62 975.95</td></tr>
<tr><td></td><td></td><td colspan="6">主要办学经费来源（单选）：省级（　　）　地市级（　　）　行业或企业（　　）　其他（　　）</td></tr>
<tr><td></td><td></td><td colspan="6">院校举办方（单选）：公办院校（　　）　省属公办（　　）　地市属公办（　　）　县区属公办（　　）　国有企业公办（　　）　民办院校（　　）</td></tr>
</table>

附表 6　落实政策表

院校代码	院校名称	指标			单位	2018 年	2019 年
		1	年生均财政拨款水平		元	17 392.78	19 190.28
			其中：年生均财政专项经费		元	4 602.60	5 052.13
		2	教职员工额定编制数		人	37 577	39 183
			在岗教职员工总数		人	50 256	53 584
			其中：	专任教师总数	人	36 097	38 669
				专任教师年培训量	人日	294 025.36	531 311.71
		3	企业提供的校内实践教学设备值		万元	19 175.96	28 402.46
		4	年生均校外实训基地实习时间		人时	61.31	133.98
		5	生均企业实习经费补贴		元	865.02	1 252.28
			其中：生均财政专项补贴		元	101.51	200.02
		6	生均企业实习责任保险补贴		元	11.16	18.73
			其中：生均财政专项补贴		元	4.83	2.77
		7	企业兼职教师年课时总量		课时	2 074 793.00	2 046 832.42
			年支付企业兼职教师课酬		元	187 217 647.66	135 811 541.68
			其中：财政专项补贴		元	18 735 934.13	28 547 483.43

注：2019 年生均财政拨款水平实际为 2018 年生均财政拨款情况，2018 年生均财政拨款水平实际为 2017 年生均财政拨款情况。

后　记

《国家职业教育改革实施方案》明确指出："实施职业教育质量年度报告制度，报告向社会公开。"标志着职业教育质量年度报告已作为制度安排，成为常态性工作，每年定期向社会公开国家、省（市、自治区）、学校三级职业教育办学情况。教育部职业教育与成人教育司发布的《关于持续做好高等职业教育质量年度报告编制、发布和报送工作的通知》（教职成司函〔2019〕105 号）中进一步明确："不再每年单独发布年报编制、发布和报送工作通知，各地、各高职院校根据本通知要求，按时、主动、认真做好年报的编制、发布和报送工作。"可见，发布职业教育质量年度报告成为各级教育行政部门和高职院校的自觉行为。

根据《广东省教育厅办公室关于编制、发布和报送高等职业教育质量年度报告（2020）的通知》要求，省教育厅成立编制工作组，继续委托省教育研究院编制《广东省高等职业教育质量年度报告（2020）》（以下简称《省级年报》）。编制工作组围绕各高职院校贯彻落实《广东省人民政府办公厅关于印发广东省职业教育"扩容、提质、强服务"三年行动计划（2019—2021 年）的通知》（粤府办〔2019〕4 号）的发展成效和改革创新，从"特色亮点""发展概况""学生发展""教学改革""产教融合""政府责任""国际合作""服务贡献""应对挑战"等 9 个部分，通过典型案例、彩图表格以及"计分卡""学生反馈表""资源表""国际影响表""服务贡献表""落实政策表"等 6 张附表，生动形象地展现出广东高等职业教育改革发展的实绩。编制工作组为了更好地完成《省级年报》，专门组织开展"高职院校学生学习情况"调查。在全省高职院校的大力支持下，共计 33 万余名高职学生参与问卷调查。同时，编制工作组还配合省教育厅开展了院校年报编制指导、合规性检查和意见反馈工作，提高了各院校年报的合规性，促进各院校年报高质量完成。

《省级年报》是编制工作组全体成员集体智慧和辛勤汗水的结晶，在编制过程中各成员互相争鸣、互相切磋，体现出求真求实的严谨态度和可贵品质。同时，年报编制工作得到了省教育厅职业教育与终身教育处吴艳玲处长、张家浚副处长、张坚雄主任科员等领导的精心指导，更得到了广州民航职业技术学院、广东轻工职业技术学院、广东工贸职业技术学院、广东职业技术学院、广东建设职业技术学院、广东科学技术职业学院、广东交通职业技术学院、广东科贸职业学院、广州番禺职业技术学院、广州工程技术职业学院、广州铁路职业技术学院、广州城市职业学院、深圳职业技术学院、深圳信息职业技术学院、顺德职业技术学院、汕头职业技术学院等学校的大力支持，离开这些领导和各位专家的帮助，《省级年报》要在时间十分紧迫的情况下如此高效地完成，几乎是一项不可能的任务。在此，对大家表示由衷的感谢！另外，广东高等教育出版社王兰萍、钱丹等同志一如既往地支持《省级年报》的出版工作，借此机会我们要向她们说声谢谢！

由于水平和视角所限，疏漏和不足之处敬请社会各界人士指正。

《广东省高等职业教育质量年度报告（2020）》编制工作组

2020 年 3 月